现代汉语话题结构的认知语用研究

潘珣祎 著

上海大学出版社
·上海·

图书在版编目(CIP)数据

现代汉语话题结构的认知语用研究 / 潘珣祎著. ——上海：上海大学出版社，2020.9
ISBN 978-7-5671-3940-4

Ⅰ. ①现… Ⅱ. ①潘… Ⅲ. ①现代汉语—语用学—研究 Ⅳ. ①H13

中国版本图书馆 CIP 数据核字(2020)第 174433 号

责任编辑　刘　强
封面设计　柯国富
技术编辑　金　鑫　钱宇坤

现代汉语话题结构的认知语用研究
潘珣祎　著
上海大学出版社出版发行
(上海市上大路 99 号　邮政编码 200444)
(http://www.shupress.cn　发行热线 021-66135112)
出版人　戴骏豪

*

南京展望文化发展有限公司排版
江苏凤凰数码印刷有限公司印刷　各地新华书店经销
开本 890mm×1240mm　1/32　印张 8.5　字数 200 千字
2020 年 9 月第 1 版　2020 年 9 月第 1 次印刷
ISBN 978-7-5671-3940-4/H·381　定价　68.00 元

版权所有　侵权必究
如发现本书有印装质量问题请与印刷厂质量科联系
联系电话：025-57718474

前　　言

　　话题是现代汉语语言学研究中的一个重要课题,自从赵元任先生将话题的概念引入汉语研究以来,语言学家们从不同的角度对其进行过研究。以往的研究关心的或是话题本身的特征,或是话题结构内部话题与述题在句法及语义上的联系,却很少关注话题结构在真实会话中体现的特征与功能,这为本书留下了很大的探索空间。

　　本书从语用与认知的角度,采用会话分析的方法,对真实语言材料中的话题结构进行细致全面的观察。本书对电视访谈会话语料进行研究,希望从中了解三个方面的信息:其一,话题结构在会话中的信息特征;其二,话题结构在会话中体现的话语功能;其三,影响话题结构使用的认知语用因素,以及话题结构在使用中体现的语用策略。在此基础上,本书尝试用认知语法的理论对话题结构作出分析与阐释。

　　本书主要做了以下几方面的研究工作:

　　第一,对"话题""话题结构"等概念进行了界定,并依此解析会话语料中的话题结构小句,根据其特征进行分类。将话题结构分为左偏置结构、话题化结构与汉语式话题结构三类,根据对其内部特征的观察,又将其细分为次类别。

第二，从话题信息认知状态与话题接续两个角度，对话题结构在会话中的信息特征进行了观察。综合考虑语篇语境以及情景语境，经过统计，笔者发现绝大多数话题信息都是话语中已激活的信息，在话语中活跃程度高。笔者同时关注了不同信息认知状态相应的话题表达形式，基于其频率统计，将现代汉语名词性短语按已知性高低进行排列，作为对已知性等级理论在现代汉语中应用的调整。从接续情况看，多于半数话题结构的话题信息在后续话语得到接续，接续的形式与接续信息在小句中的位置相关，主要以代词和名词词组为主。三类话题结构中，话题化结构的话题已知性程度最高；左偏置结构则恰恰相反，它引入新信息，将其确立为后续议题的频率最高。

第三，从话语结构及话语内容两方面梳理了话题结构的话语功能。在话语结构方面，笔者认为话题结构可以承担在起始话步确立议题以及在维持话步延续议题的功能。话题结构在会话话步的分布特征与前文所述的信息特征体现出了一致性，其中尤为突出的是左偏置结构，这类结构在起始话步较其他两类话题结构更常见，体现了其引入议题并确立议题的话语功能。在话语内容方面，话题结构凸显了话题与会话中其他实体间的逻辑关系，包括了对比、相似、包含、总结等关系。笔者同时还发现，话语内容上逻辑关系的凸显对话语的影响具有局部性的特征。

第四，结合本书所用语料的突出特征，梳理了影响话题结构使用的认知语用因素及使用中体现的交际策略。话题结构的重要认知语用动因是认知凸显，其具体表现与话题的信息强度及信息量两个方面有关，这同时也是遵守省力原则的表现。话题结构的使用也体现了说话人语用策略的运用，包括互动策略与礼貌策略。前者反映在说话人以话题为会话支架进行话语构建以及用话题结构对会话进行柔性控制;后者则主要表现为说话人用话题结构进行委婉表达。这些策略的表达和话题与述题之间关系松散的特征有关。

第五,用认知语法理论对话题结构进行了统一阐释。从认知语法的角度,话题结构可以用参照点的概念进行解释。话题为参照点,而认知目标则是整个述题。结合射体—界标的理论,笔者认为三类话题结构的差别在于:左偏置结构中参照点与目标中的射体或者界标相关联;话题化结构中参照点同时承担着射体或界标的角色;而汉语式话题结构的识解过程则需要对参照点和目标进行非明示关系推理。依照参照点及射体—界标模式,基于前文对话题结构信息特征及话语功能的总结,笔者构建了话题结构在话语空间动态更新中的信息贡献图示。

目　　录

第 1 章　绪论 ··· 1
  1.1　本书的研究对象 ·· 1
  1.2　现有研究存在的问题和启示 ································ 4
  1.3　研究角度及目标 ·· 8
  1.4　研究资源基础 ·· 11
  1.5　本书的结构 ·· 20
  1.6　本章小结 ··· 22

第 2 章　话题与话题结构 ·· 24
  2.1　话题 ·· 24
  2.2　话题结构 ··· 40
  2.3　话题与话题结构相关研究 ·································· 67
  2.4　语料相关信息统计 ·· 73
  2.5　本章小结 ··· 82

第 3 章　话题结构在会话中的信息特征 ························· 84
  3.1　信息类别 ··· 84
  3.2　话题信息特征 ·· 112
  3.3　话题接续 ··· 129

3.4 本章小结 ··· 136

第 4 章 话题结构的话语功能 ······································ 138
  4.1 相关研究 ··· 138
  4.2 话语结构 ··· 145
  4.3 话语内容 ··· 153
  4.4 本章小结 ··· 168

第 5 章 话题结构的语用分析 ······································ 169
  5.1 认知语用动因——凸显 ······································· 169
  5.2 话题结构与互动策略 ·· 182
  5.3 话题结构与礼貌策略 ·· 198
  5.4 本章小结 ··· 206

第 6 章 话题结构的认知阐释 ······································ 208
  6.1 参照点图式 ·· 209
  6.2 话题结构各类别的认知分析 ································· 215
  6.3 会话推进中的话题结构动态认知 ··························· 227
  6.4 本章小结 ··· 231

第 7 章 结语 ··· 232
  7.1 本书的基本研究工作和基本结论 ··························· 232
  7.2 本书的主要创新 ·· 235
  7.3 不足之处 ··· 236
  7.4 未来的研究展望 ·· 237

参考文献 ·· 240
附录 ·· 258

第 1 章

绪 论

1.1 本书的研究对象

"话题"是当代语言学中一个重要的概念,几十年来有过许多探讨。话题问题涉及句子的句法形式与表达功能之间的关系。何为话题?学术界出现过多种定义,这主要是由于不同类型的研究在使用这一术语时所关注的侧重点不同。下文将简单介绍已有研究中所涉及的不同定义,并对本书的研究对象进行界定。

第一种话题概念是从语篇互动的角度出发,指向互动的对话语篇中交际双方谈论的对象或其关注的重点。这层意义上的话题并不一定在语篇及其内部语句中有形式上的表征。为了将其与单句的话题相区别,学者们往往倾向于使用"语篇话题"(discourse topic)这一术语。相关研究可见 Keenan 和 Schieffelin(1976)等的研究。与上述观点相类似却又有所区别的观点是将话题视为话语参与者的话题,如 Brown 和 Yule(1983:94)的研究。这两种观点都是从语篇以及话语参与者的互动性出发的。此外,也有学者从更为宏观的角度使用话题这一术语。如 Van Dijk(1981)在使用这一术语时,根据语篇组织的不同层次,将其细分为句子话题、段落话题和总话题。

以上是一些学者从语篇以及语篇的互动性角度定义话题,而其他很多学者在使用话题这一术语时是从相对微观的角度出发,在对单句进行研究时用到了这个概念。

Hockett(1958/2003)提出句子的主谓结构可以视为"话题—说明"的形式,话题是说话的起点,而说明是对于这一起点的陈述。在汉语研究中最早引入话题这一概念的是赵元任(1948:47),最初他提出主谓短语可以作谓语。在后续研究中,赵元任(1968/1979:69)将"话题—述题"(topic-comment)这对概念用于汉语句法分析,提出"汉语句子里主语和谓语的语法意义是话题和述题,而不是施事和动作"。赵元任(1968/1979:69)认为,在西方的语言里,主语与谓语之间的关系往往是行为者与动作的关系,并且主谓之间有形态变化上的紧密联系。汉语的句子与此有很大差异,主谓之间常常并不具有行为者与动作这一关系。因此,赵元任(1968/1979)认为汉语的句子比较适合用"话题"和"述题"这一对概念来描写分析。

本书的研究对象为现代汉语中的话题结构,也就是上文所述的话题—述题结构。在语用层面上,主谓结构都可以分析为话题结构。话题结构中,话题在前,述题跟在话题之后并对话题作进一步说明。因此,为了明确本书研究对象,需要对以下两点略作说明。

第一,本书所论及的话题并非上文所述语篇话题,而是从相对微观角度而言的句子话题。话题可以是一个实体,如一个人、物或观念,在句中编码为一个名词性短语或小句,是句子讲述的对象,是实体话题(entity topic)。(许余龙,2004:38)

下文所用的"话题"指的都是句子话题;在涉及语段或语篇所

谈论的主旨内容时,则用"议题"来表示,以示区分。

第二,本书所研究的话题结构并非囊括所有的主谓结构。本书将主谓结构大致分为常规的无标记 SV(O) 的话题结构与有标记的话题结构。一种语言中有标记的话题结构往往在使用中出现频率不高,高频使用的结构通常被视为无标记的话题结构,如汉语与英语中的 SV(O) 结构。此外,有标记的话题结构常有特殊语言手段进行标记,如停顿、提顿词、语序等。我们来看以下几个例子:

(例 1)我见过那张照片。
(例 2)我啊,见过那张照片。
(例 3)那张照片我见过。
(例 4)那张照片啊,我见过它。
(例 5)那张照片呢,孩子们都笑得特高兴。

上面几个例子中,例 1 为 SVO 结构,主谓之间具有直接的、紧密的句法及语义联系。我们同样可以认为句首的主语 S 是说话的起点,VO 部分是对其进行的陈述,因此它们之间也具备话题—述题关系。从句法层面讲,句首的名词为主语,从语用层面看它则是话题。由于这类结构在我们的语言中极为常见,属于最基本的表达方式,可将其视为常规的无标记的话题结构。这类结构并不是本书的研究对象。

本书的研究对象是上述例 2 至例 5 所示与常规的无标记的话题结构有所差别的话题结构。这几例都是有标记的话题结构,句首为话题,其后则是述题,对话题进行进一步说明。这几个话题结构中有不同的话题标记,包括语序、提顿词、停顿等。例 2 中话题与述题之间有语义联系,由于提顿词与停顿做话题标记,无标记的话题结构中的主语"我"凸显为有标记的话题。例 3 中语序为话题标记,述题部分可以回指话题的位置为空位。例 4 中述题部分有回指词"它"指向话题。例 5 的话题与述题之间关系松散,并无行为者与动作的关系,只能认为两者是相关的。

综上所述,本书的研究对象为上述有标记的话题结构,此后文中在使用"话题结构"这一术语时指的都是这类有标记的话题结构。不同于常规 SV(O)结构,有标记的话题结构通常可以经由其中的话题标记或者话题——述题之间松散的语义关系加以辨认。

对于话题与话题结构的定义、话题结构的类别及相关论证、本书所用语料中话题结构的示例,我们都会在第 2 章中进一步展开阐述。

1.2 现有研究存在的问题和启示

国内外很多学者从不同的视角对现代汉语的话题及话题结构进行了探讨,研究的主要内容包括话题的定义、话题的地位、话题的特征及功能,等等。这些都是对话题成分进行的研究。相比较而言,对话题结构的研究则少了很多,主要集中在话题结构的句法分析上,关注的主要问题则是话题是怎样形成的,是经由句法转换而来还是由深层结构直接生成的。在以上几个方面学者们形成了许多的观点,并且在诸多方面至今仍存有争议。

有关话题与话题结构研究,国外文献相当丰富、深入,产生了很多有影响的研究。例如 Li 和 Thompson(1976,1981)把对话题的研究作为对世界语言进行类型学研究的基础,使得话题研究的意义重大,对后续的话题研究影响深远。当然,国外的这些研究中有不少是华裔学者的成就。国外的研究文献所涉领域也较为宽广,话题研究涉及了句法、语义、语用、认知、类型学等多种不同视角的探讨。有句法形态的探索,如 Bortolussi(2017)、Villalba(2009)等的研究;有从信息结构视角进行的讨论,包括对韵律和句法界面的刻画,如 Verhagen(2005)、Samek-Lodovici(2005,2006)、Yamaizumi(2011)、Pan(2016)、Leuckert(2017b)等的研究;有学者如 Netz 和 Kuzar(2006)、Netz et al.(2011b)、Tizón-Couto(2012)、Leuckert(2017a)等从交际互动和语篇功能的层面进行分析;Netz et al.(2011a)、Westbury(2014)则从认知的层面切入,希望能从认知语言学的视角对话题结构进行分析;还有一些学者观察了丰富的跨语言语料,对不同语言中的话题结构进行类型学的探讨,如 Leuckert(2017b)、Sze(2015)、Westbury(2016)、Fernandez-Vest 和 Van Valin(2016)等。在语言学的不同分支领域,都可以看到学者对话题及话题结构的讨论。

在现代汉语研究方面,较有影响的话题研究在句法形态领域较为多产,如 C.-T. James Huang(黄正德)(1982)、Zixin Jiang(蒋自新)(1991)、Shuying Shyu(徐淑英)(1995)、Sze-Wing Tang(邓思颖)(1998)、陆烁和潘海华(2014)、刘丹青(2019)、孙成娇(2019)等,在话题结构如何形成、话题句内的句法语义关系刻画以及话题在何种条件下能够得到允准等问题上有深入的探究。从语言学其他视角切入的研究相对较少,尤其对话题结构在更大的话语范围内体现出的功能刻画较少。

通过对国内外已有的研究进行梳理,笔者发现了以下一些问题,也为本书的研究提供了思路。

第一,现有的研究对话题以及话题结构本身的定义显得混乱。在不同学者的研究中,常常出现对话题界定不清或者不一致的情况。往往大家讨论的并不是同一个问题,却你来我往地进行批评或指责。这样使得话题与话题结构的研究很难理出清晰的思路与成体系的方法。

第二，以往的研究多为话题研究，在很大程度上忽略了话题结构这一更大的单位。有不少学者从句法层面对话题结构进行研究，目的也还是探讨话题的生成、动词的移位、删除及反身化的控制等，因此仍然在很大程度上将着眼点集中在话题成分上。这样的情况造成文献中对话题结构作为整体而体现出的特征、动因等多方面研究不足，使得我们对话题结构整体认识不够。

第三，目前多数研究将观察的范围局限在话题以及话题结构内部，并没有跳出这个框框，从更大的话语的角度来审视话题结构。这样做造成的结果是大家都将精力花费在研究话题与句内其他部分的语义或句法联系上，并由此在经验的基础上给出很多限定，却忽视了话题结构作为整体与话语之间的关系。尽管国外已有学者对话题结构在话语中体现的特征与功能进行研究，但国内尚未发现有人从这一角度进行系统的观察。

第四，现有研究采用的材料多为重复的、研究者基于语感而自己造的例句，却没有将话题结构置于真实的语言环境中去观察。笔者阅读文献发现，许多讨论话题与话题结构的论文或著作都免不了引用同样的一些"经典"例句。这些例子得以反复讨论当然很好，但是也带来了一些局限。首先我们仔细阅读后会发现实际生活中类似这样的句子并不多见，与语言实际使用的情况有一定距离；此外，仅仅研究这些"经典"例句，大大地局限了我们对话题结构的认识。尽管Li和Thompson(1976,1981)提出，从类型学的视角来看，现代汉语是话题凸显型的语言，可是在我们实际使用的语言中，话题结构的数量远远不如常规SV(O)小句频率高，且形式上也与"经典"文献例句有相当差别。这样的研究现状亟须我们从实际的话语语料中去对话题结构进行观察与了解，打破经验主义的常规思路。

第五，现有的话题结构研究从研究角度与研究方法上都体现出了局限性。从句法角度的研究往往由于找不到合理的、统一的机制进行解释，在分析上采用一些加词、减词或者变化的形式进行，事实上脱离了话题结构本身，而努力将其与常规小句靠拢，对语言使用事实弃之不顾。从语义角度进行的研究则只在话题结构小框架内部进行。还有很多学者从功能的和语用的角度出发进行研究，但是大多只是将着眼点局限在话题的指称信息等方面。虽然也有个别学者从认知的角度研究话题结构，但研究的基础却放在英语中的话题结构小句上，并没有对现代汉语话题结构进行深入的分析。从这几个角度进行的研究，所用的方法大多是脱离话语本身进行的孤立句研究，缺少对话题结构在语义、语音、形态等方面综合特征的观察，更没有对其在话语中体现的互动性进行了解。

文献中呈现的问题留出了研究的空间，启发了笔者的研究思路。基于以往研究中存在的以上几方面的问题，笔者认为自己的研究应该努力做到以下几点：第一，在研究中对话题以及话题结构的概念进行清楚的界定。第二，尊重语言实际，在真实话语中对话题结构进行观察与分析。第三，突破对话题结构内部进行研究的局限，考虑到更大的话语框架，将话题结构与话语中的其他信息相联系，并考虑说话人的角色、意图等对语言使用产生影响的因素。第四，在研究方法上努力做到更全面，从语用角度研究话题结构，尝试进行多模式的观察，不仅仅关注话题结构的语义和句法特征，也综合考虑话语中的互动信息，并将认知的因素考虑进去。

在话题结构研究中做到以上四点具有实际的研究意义。第一，从语言实际使用的过程对话题结构进行观察，有助于准确地把握话题结构的特征、功能。第二，在话语框架中进行研究，可以突破静态的研究范式，体现话语以及语境的动态性。第三，用多模式的方法进行研究，更有利于发掘在话题结构背后存在的认知语用动因，加深对语言使用背后的认知规律的理解。

1.3 研究角度及目标

1.3.1 理论框架

本书的研究对象为话题结构，切入的角度为认知及语用的研究视角。与其他研究角度比较，从认知与语用的角度研究话题结构有以下两个优势：

第一，从认知与语用的角度进行的研究，可以较好地体现话题结构在真实话语中的使用情况。

例如，以往的研究在对话题进行信息结构的分析时，往往只偏重于划分信息的新旧，把话题与述题分别归属于不同的信息状态。事实上，已经有许多研究表明，考虑到话语参与者的不同视角，新信息与旧信息之间的界限并不那么分明。在对话题结构所携带的信息进行判断时，还需要从不同的维度进行观察，而这种观察并不是研究话题结构本身可以实现的，必须依赖其前文的话语对语篇的贡献来进行判断与描述。

再比如，在研究话题的指称特征时，以往的研究几乎都断定话题总是有定的，无定成分作为话题就难以接受。（徐烈炯、刘丹青，2007：143）但是如果我们在语境中探讨话题结构，就会有不同的发现。无定形式的信息常常会由于语境的支撑而倾向于指向某一确定信息。

在实际使用的话语中,从语用及认知的角度对话题结构进行观察,我们可以对影响话语产生的条件及语用因素做更实际的考量。这往往是语义、句法研究做不到的,因为从这些角度切入的研究往往只是以小句为取向,忽略了小句存在的大环境。

第二,从认知与语用的角度研究话题结构是比较全面的。

在观察各不同类型的话题结构时,普通语言学家们关注的是话题的语义角色及特征,句法学家们只关注话题结构的形成或转换,功能主义学者们考虑的是话题的语法特征等。这些研究虽然让我们对话题的认识与了解得以加深,但同时也使话题研究的各个方面趋向割裂与绝对。

以往的研究大多是对话题结构内部进行考察,关注的往往是话题结构中的话题体现出的特征。很少有研究者注意话题结构本身在语言使用中所体现的特点和语用功能,如在话语推进的过程中话题结构所处的位置及其相应功能等。从认知语用的角度,我们就可以考虑,话题结构在对话语信息作出贡献时,其特殊的结构形式是否会在话语的推进过程中起到某些话语功能呢?此外,话语参与者使用某种形式的语言结构进行表达,这本身就是一种选择行为。使用话题结构这样的语言形式,是否也体现了说话人的某种倾向、态度及策略,或者说话人是否在传达信息之外还有其他要实现的意图?这些都将是本书的关注点。

本书分析部分所使用的理论包括 Gundel et al.(1993)的已知性等级理论、Prince(1981)的熟悉度量表理论、Grice(1975)的会话含义理论、Langacker(1986,1987,1993)的认知语法理论等。

1.3.2 研究目标

本书以语用学与认知语言学为指导,讨论话题结构在语言实际使用中体现的信息特征、话语功能以及对其产生影响的语用认知因素等。

本书的研究目标主要有以下四点:

第一,基于语篇以及情景语境,观察会话进行过程中话题结构体现的信息特征,包括话题结构对前文的信息依赖程度以及对后文的信息贡献。

第二,总结各类话题结构在会话推进中所起的话语功能,包括它们在话语结构以及话语内容两方面所体现的功能性特征。

第三,发掘影响话题结构使用的认知与语用因素,对说话人使用话题结构所体现的语用策略进行归纳。

第四,用认知语法理论中的参照点理论及射体——界标理论对话题结构进行认知分析,并对各类别话题结构体现的差异进行解释,同时给出动态会话中话题结构的认知图式。

1.3.3 研究方法

本书采取定量与定性相结合的方法,采用会话分析的范式对话题结构进行共时的研究。本书采用国内电视中公开播放的电视访谈为语料,将访谈录像从网上下载保存之后进行转写与整理,建立小型的封闭语料库[①]。关于语料来源以及转写标注方面的信

[①] 本书采用的语料大多为中央电视台、湖南电视台等电视台播出的访谈节目。有的栏目将访谈节目整理出版为书,笔者核对后发现,出版之后的访谈录在访谈会话原稿基础上略微作了改动,尤其略去了会话中的一些细节特征,形成完整的语篇。本书关注的是访谈的会话本身,其中包括了会话进程中的一些言语细节,如修正、话论重叠、转换、非言语活动等信息。因此,本书所用的语料仍然是根据视频转写的材料,而非整理出版的访谈录。

息,笔者将在下一节详述。

建好语料库之后,对其中出现的话题结构小句进行穷尽性的整理与标注,并进行分类描写,争取语料中的各类话题结构都达到一定的规模。之后,对自建语料库中的话题结构小句采取逐条分析的方法,将与话题结构小句相关的信息认知状态、语言形式、接续状态等各方面信息逐一分析记录。

笔者对记录的数据进行了统计分析,基于统计的结果,总结话题结构的整体特征,并对话题结构的不同类别进行对比分析,总结各自的特征。

本书力求在实际的口语会话中对语言现象进行细致的描写与刻画,结合认知语用的方法对这些语言现象作出分析与解释。

1.4 研究资源基础

1.4.1 语料来源

本书所选的会话语料均为电视访谈。较新的研究也有不少采用日常会话、访谈语料或语料库包含的电话语料、教学录像等进行话题结构的研究,如 Lange(2012)、Winkle(2015)、Simona et al.(2015)、Leuckert(2017a)、Wang et al.(2020)等的研究。电视访谈语料与日常会话语料相比,具有如下四个优势:其一,资源较为丰富;其二,在参与人群上避免了单一性;其三,会话内容更为饱满且集中,并且在有限时间内会话更具有连续性;其四,研究者完全独立于语料之外,不会对会话施加任何引导或倾向性的影响。与此同时,电视访谈也不可避免地具有一些缺点:其一,与日常会话相比,电视访谈会话开展的自然性可能会受到影响,也许会有不可知的人工痕迹；其二，在语体上与日常会话相比偏正式。但是，考虑到有限时间内电视访谈在内容以及连续性上体现的优势，这种类型的会话较适合用于对话题结构进行观察。

在挑选会话语料的过程中，笔者主要考虑了以下三点：第一，语料题材的多样性。笔者希望挑选的会话语料能尽可能广地涉及社会生活的不同方面，讨论的题材尽量广泛。第二，语料所涉及人群的多样性。本书所选的语料希望能够包括不同社会背景、不同职业以及不同教育程度的参与者，这样可以照顾到不同人群对话题结构的使用，以期更为客观地对话题结构进行观察。在关注职业背景的同时也对会话参与者的地域背景有所考量。徐烈炯和刘丹青(2007：30)提到，吴语方言中的话题结构比普通话中的话题结构形式更为丰富，提顿词也更多样，因此他们的书中采用的多是吴语的语料。但是，既然本书关注的是现代汉语普通话中的话题结构，有必要对南北方的人群做同样的观察与描写，因此在挑选语料时尽量做到南北兼顾。第三，在挑选会话语料的过程中也考虑到了不同语体对语言形式产生的影响。正式语体与非正式语体在语言形式的体现上会有所区别。虽然本书对话题结构的语体倾向性并不做深入研究，但在挑选语料时希望能够综合偏正式以及偏非正式场合的会话，希望借此对话题结构做更为全面的观察。

综合考虑以上所提及的几个挑选原则，本书所选的会话语料一共包括11辑电视访谈(有的为同一节目的上、下集)，来自6档不同的访谈节目，平均每集约42分钟，共约470分钟，其中除了访谈会话之外，也包括节目中间插播的旁白及话外音。笔者对会话语料进行了转写，转写后的文字语料共计约147 532字。具体情况见表1.1。

表 1.1 语料详细信息

语料标号	标题	时长(分钟)	转写后文字数(字)	访谈节目名称
U1	为有壮志多牺牲	47	13 227	《实话实说》
U2	拉拉的故事 1	45	14 079	《鲁豫有约》
U3	拉拉的故事 2	37	13 026	《鲁豫有约》
U4	幸福深处 1	38	14 311	《天下女人》
U5	幸福深处 2	38	14 700	《天下女人》
U6	金牌工人	42	12 348	《面对面》
U7	师者于丹 1	42	12 951	《鲁豫有约》
U8	师者于丹 2	45	12 293	《鲁豫有约》
U9	大学之道	47	14 164	《对话》
U10	未来	45	10 909	《小崔说事》
U11	炒股进行时	44	15 524	《实话实说》
合计		470	147 532	

注：时长以及文字数为约数，非精确计数

本书对语料的选择尽可能地顾及了前文所述的几方面考虑因素，即对语料的题材、参与者的背景以及语料的语体方面都能有所兼顾。表 1.1 所列的访谈语料中，除了 U6(金牌工人)、U7(师者于丹 1)以及 U8(师者于丹 2)为两人谈话之外，其他节目均有多人参与谈话。这 11 辑电视访谈语料涉及的题材较为广泛，有谈论长征精神的(U1)，有同性恋题材(U2 与 U3)，有生活题材(U4、U5 和 U11)，还有学术交流题材(U9 和 U10)等。11 辑访谈节目中，就节目形式、访谈对象以及访谈题材等方面而言，中央电视台播出的

《面对面》以及《对话》节目较为正式,相较之下其他4档节目为偏非正式的访谈节目。同时,11辑会话语料中的访谈对象包括记者(U1)、演员(U4和U5)、学者(U7、U8和U9)、工人(U6)、学生(U10)、普通人(U2、U3和U11)等,行业背景各异,教育水平也有所不同。此外,从地域上来看,参与访谈的会话者南方人北方人都有。由这些访谈会话构成的语料库,在一定程度上满足了本书对语料选择在多样性方面的要求。

1.4.2 转写与标注

本书所选语料均为电视访谈会话语料,因此最关键也最为耗时的工作是语料的转写与标注。在语料的转写方面,笔者尽量做到以下三点:第一,忠实于会话的原始语句。对会话中的用词、句式等保持原样,即使有异于常用法的也不做任何纠正。对于非完整句甚至病句,也不做任何改动。如果出现无法辨认的含糊声音,则以拟声的方式用近似的拼音标注;如果声音确实无法辨析,则用符号标注。第二,正确地使用标点符号与标注符号。对会话的语音语调以及词汇整句等内容进行准确判断后,使用合理的符号进行标注。第三,转写时对与话题结构有关的语段进行完整标注,包括话轮的转换、打断、插入、重叠以及停顿等,甚至对影响话题所指的非语言因素,如举手、用手指示等也要进行说明。如果在某几段话轮中并未出现话题结构,并且对前后文出现的话题结构也并无意义上的影响,标注则相对简略,仅对语言本身作记录,而非语言形式的记录则有所省略。

卫乃兴等(2007)指出,话语信息揭示话语的重要特征,是研究话语结构、交际策略、语用能力等问题的基本数据。对于话语信息,笔者标注的主要有以下几个方面:参与者、话语内容、话语重叠、停顿、时间、重要的非言语信息等。话轮中的会话参与者用"<sp1><sp2>…<spn>"表示,其中"sp"为"speaker"的缩写。据李悦娥、申智奇(2003)研究,会话中话语打断分为多种不同类别,但是在本书的研究中,并不关注具体情况中打断属于哪类,只对打断所造成的话语信息进行标注。

笔者在对语料进行标注时参考了国际上较为通行的方法,参考了 Du Bois et al.(1993)的转写系统,同时还参考了陶红印(2004)对汉语口语转写的观点与建议。转写中包括了最基本的话语信息,以及伴随话题结构出现的一些辅助信息。会话中听话人有可能在话轮转换处或非转换处介入说话人的话语,此时若说话人未停止讲话,会造成话语的重叠,话语重叠的部分用成对方括号"[ ]"标识。此外,如说话人话音刚落,在产生停顿之前听话人立即开始新的话语,两个话轮之间没有间隔,这种情况下用"(0)"标识。在说话人说话的过程中,听话人会不时插入简短信息,插入的如果是言语类的回应,将另起一行写出。如果是笑声,并不中断当前说话人的话语,而只是表示听话人在积极合作聆听,对当前话语表示关注和接受,或者是对说话人的支持与鼓励,那么我们用"@"符号来标识。其他重要的非言语的回应,如点头、摇头,直接用((点头))((摇头))等表示。对于无法判别用词但是清晰可辨的语音,用近似的拼音表示,而无法辨别的语音则用"X"表示。如果与话题结构有关的话语中出现特别着重强调的重音,在强调部分的文字底下用着重号标识。在话语中出现的停顿用实心的圆点"."表示,短暂的停顿用一个圆点,略长的停顿用两个圆点"..",而较长的停顿用三个圆点"..."表示。说话人在说出某个单字时如果有拖长音的现象,用等号"="标识。

在转写中笔者发现,有的话题是在话题结构所在话轮之前较为久远的时间提及的,限于篇幅不可能在书中将两者之间所有的话轮都写出,因此在这种情况下会用"(省)"的方式说明省略了中间的话轮,并且在相关话轮的末尾标注其在该辑访谈语料中出现的时间。这样更便于较准确地标识信息的状态、来源以及发生的真实情况。

为使读者准确清楚地理解以上说明,笔者将上文所述的标注符号整理后放在附录中,同时示例本研究所用语料中的一小段转写材料。详情请参见本书附录。

1.4.3　标注参数

笔者在语料中标注的参数包括以下几个方面:话题表现形式、话题信息认知状态、话题接续状态及形式、话题结构所处话步、话题结构与前后文关系等。以下逐一对这些方面作简要说明。

1.4.3.1　话题表现形式

根据如 Ariel(1990)、Gundel et al.(1993)等的研究,语言表达形式与其信息状态以及会话参与双方的认知状态紧密相关。例如,对于话语中极为活跃的信息,由于双方都熟知,因此说话人会倾向于选择简单轻省的表达形式,如零形式或代词。

笔者对话题的表现形式进行观察,对其进行类别上的归整,与之后要考察的话题的信息状态密不可分。话题结构的话题部分多数为名词性成分,也有少数的话题结构是由谓词成分作话题的,包括动词词组和小句。笔者对话题的具体表现方式进行细致的记录,在标注话题形式的时候参照 Gundel et al.(1993)以及陈平(1987a)的方法。

Gundel et al.(1993)依据普遍认知的原理,提出"已知性等级"(Givenness Hierarchy)的理论与量表,主张名词性成分所负载信息的已知性并不是判定新旧两极的问题,而是有程度上的差别,并且对应于大脑中的信息存储与关注状态,即认知状态。从表现形式上看,不同形式的名词性成分在已知性程度上会形成一个等级序列,不同的话语形式所携带的信息对应于大脑中的认知状态从"谈论焦点"到"类指的信息"呈不同程度的序列安排,即信息在已知性程度上呈从高到低的排列。Gundel et al.(1993)等列举的语言形式等级排列主要是基于英文提出的,因此,我们还将参照陈平(1987a)对现代汉语名词性短语的分类。陈平(1987a)系统分析了有指与无指、定指与不定指、实指与虚指以及通指与单指这几对概念的含义及其相互关系,同时也对这些概念在现代汉语中的表现方法以及语法特点进行了示例与分析。笔者将参照陈平(1987a)的分类方法对语料中话题结构的话题进行归类。

1.4.3.2 话题信息来源

已知性等级理论对认知状态的判断依据是语言表现形式,但我们知道,在实际的会话语篇中,提供信息的不仅仅是语言形式本身,还有语篇语境以及情景语境等因素的综合作用。因此,笔者除了对话题的形式进行考察之外,也依据语境以及语篇上文对话题的信息来源进行标注。

对话题的形式与信息来源进行分别标注,可以避免因经验带来的误判,还可以对信息逐个标注并加以统计,从而对已知性等级在现代汉语中的适用性进行检验。

由于本研究使用的是会话语料,意在更好地观察语言使用的实际,因此对于判定话题部分的信息来源,如使用笔语语料一样只关注上下文的信息显然是不够的。因此,在进行标注时,笔者会突破 Givón(1993)在上下文寻找回指词语并测算距离来确定信息来源的方法。笔者将更多地把话题结构置于它所在的语境中观察，包括话题结构小句之前的会话上文、会话发生的场景、背景播放的视频短片、现场会话参与者及观众的身态手势与反馈等都在语境的考虑范围内。

1.4.3.3 话题接续状态及形式

话题信息在会话语篇中是否能够得到接续与话题结构的话语功能有关，因此本研究在语料中标注的另一个参数是话题的接续状态。Geluykens(1992：153)认为左偏置结构具有"引入所指"的话语功能。他得出这一结论的依据在于，在他所研究的语篇中，左偏置结构中的话题部分在后续的语篇中往往可以得到接续。对现代汉语中的话题结构很少有学者进行类似的观察。既然本书的研究目标之一是对话题结构的话语功能进行考察，那么笔者也将对话题结构中的话题部分信息能否得到接续逐一进行标注。

笔者标注的不仅仅是话题[±接续]的状态，还有话题信息得以接续的形式，同时还考虑其在后文接续中所处的位置。如上文所述，语言形式与其信息状态相关，通过记录话题在后续话语中接续的位置以及形式，可以推测话题信息是否在后续话语中成为会话的中心议题，也可以知晓话题结构对会话的贡献。

1.4.3.4 话题结构所处话步

在探讨话题结构的话语功能时，笔者关注的一个方面是话题结构所处的话步。"话步"较早是 Sinclair 和 Coulthard(1975)使用的术语，之后 Eggins 和 Slade(1997)在对口语语篇进行分析时将语篇切分为"会话话步"(conversational moves)。另外，Bhatia(1993)在他的语类分析框架中也用到了话步的概念，他的语类认知的模式由话步组成,而每个话步又通过特定的策略来实现。

本书的研究意图并不是对电视访谈进行体裁分析,而是观察话题结构在会话中所起到的话语功能。因此,本研究中笔者更倾向于用 Eggins 和 Slade(1997)的经典方法来对话题结构所处的话步进行分类,然后将话题结构在话步中的分布与话题的信息状态和接续状态这几个方面的特征综合在一起,以推测说话人在使用话题结构时想要达到的交际意图。

既然体裁研究并不是本书的出发点,笔者在设置话步这个参数时就用较为简便的会话分析的方式来处理。笔者将会话语篇用两种类型的话步来进行分类,一类是开始议题的起始话步,即 opening moves,另一类则是维持议题的话步,即 sustaining moves。

1.4.3.5 话题结构与前后文关系

为了对话题结构的话语功能有更全面的归纳,在标注话题的接续状态以及话题所处的话步的同时,笔者还对话题结构在内容上与前后文小句之间构成的逻辑关系进行记录。对小句之间关系的记录,可以使我们在了解话题结构的话语功能时,不仅仅着眼于它们在信息方面对会话的贡献,也能考虑到它们对会话内容的贡献。

除了以上所述的主要标注参数之外,笔者还同时记录了一些其他方面的信息,如话题的长度、话题结构所在小句的句型等,以期在总结话题结构的特征时能提供更全面的信息。

1.4.4 统计工具与方法

笔者对会话语料进行的统计多数借助统计软件 SPSS 完成。笔者将在原始数据中标注的参数直接或者赋值之后录入统计软件,然后进行各种频率描述或统计检验。

由于本书使用的数据并不是正态分布数据,笔者用到的统计检验主要是两种非参数检验,一种是 Wilcoxon 检验,另一种是卡方检验。当数据具有等级特征时,如信息认知状态的等级排列数据,笔者将对其进行 Wilcoxon 检验,以观察话题结构的几种类别在分布特征上的区别。当数据不存在等级特征时,则采用卡方检验来观察话题结构各类别之间的差别。为确保实证研究的信度,笔者用 Wilcoxon 检验及卡方检验对数据进行交叉验证,在此基础上得出结论。

1.5 本书的结构

以语用和认知的理论为依据,以实际使用中的会话语料为研究基础,本书对话题结构在会话中的类别、信息特征、话语功能、语用因素等进行全面的梳理,并用认知语法的理论对其作出分析与阐释。本书共分七章,各章内容如下:

第 1 章为绪论。明确本书的研究对象。简述本领域已有研究中存在的问题。阐述本书的研究思路,明确研究框架、研究目标以及研究方法。对本研究的资源基础进行大体上的介绍,包括语料的来源、特征、标注参数等与后文的量化统计紧密相关的信息。

第 2 章结合文献综述对语料中的话题与话题结构进行描述与介绍。在总结文献中各种不同话题定义的基础上界定本研究所用的话题及话题结构的定义。对与后文章节内容相关的研究文献作简要的述评。对语料中话题结构的几种类别进行详细的整理与介绍,同时呈现一些相关信息的统计数据。

第3章着重对话题结构在会话中体现的信息特征进行研究。对已知性等级理论和熟悉度量表理论分别加以评述，以取长补短的方式构思本章的信息分类研究框架。对话题结构整体的信息特征进行总结，同时也对三类不同话题结构的特征进行对比分析。基于上述的分析与总结，对已知性等级理论在现代汉语中的应用进行修正与补充。

第4章对话题结构的话语功能进行研究与总结。对相关研究进行述评，由此提出自己的方法。针对话语功能，从话语结构与话语内容两个角度进行观察。在话语结构方面，基于对会话进行的切分做统计数据的呈现，并以此为依据对话题结构的功能进行总结。在话语内容方面，对话题结构与上下文其他小句形成的各种逻辑关系进行梳理与总结。

第5章分析话题结构的认知语用动因以及话题结构使用所体现的语用策略。分析话题的语音表现、话题长度与表现形式等方面，结合省力原则与合作原则来探讨话题结构的认知语用动因。总结话题结构使用体现的语用策略，包括会话过程中体现的互动策略与礼貌性策略。本章的分析在很大程度上是结合会话语料的特点展开的。

第6章对话题结构进行认知分析。用认知语法中的参照点理论对话题结构进行分析，对各类别话题结构以及话题链作统一阐释。针对各类话题结构之间表现的差异，结合射体—界标理论加以阐释。基于前几章的总结，本章对会话过程中话题结构的信息贡献进行图式说明。

第7章是结语。总结本书所做的基本研究与得出的基本结论，剖析本书的主要创新点和不足之处，并提出未来的研究展望。

本书的结构如图 1.1 所示：

第1章 绪论
（已有研究存在的问题和启示，研究理论框架及研究方法，资源基础）

第2章 话题与话题结构
（文献述评，话题结构类别及次类别，相关信息统计）

第3章 话题结构在会话中的信息特征
（话题信息认知状态及对应形式，话题接续状态与形式）

第4章 话题结构的话语功能
（话语结构，话语内容）

第5章 话题结构的语用分析
（认知语用动因，互动策略，礼貌策略）

第6章 话题结构的认知阐释
（话题结构的参照点图式，各类别差异分析，动态会话中话题结构的贡献）

第7章 结语
（主要研究工作及结论，创新点，不足之处，未来研究展望）

图 1.1　本书的结构

1.6　本章小结

本章是全书的绪论。明确了本书的研究对象——话题结构。

总结了已有研究中存在的一些问题,从中寻找研究空间,并理清本书的研究思路。提出了研究的目的、理论框架和方法,并对本研究的资源基础进行了较为详细的交代,介绍了语料的基本情况。对全书的各部分做了简要的介绍,列出了全文的结构。

第 2 章

话题与话题结构

本章基于实际语料对话题与话题结构进行观察与描写。厘清话题的概念,并对本书使用的话题及话题结构的定义进行界定与论述。对本研究会话语料中出现的话题结构进行分类整理,基于一些细部特征对话题结构的各不同类别进行更为深入的描写。简要述评与话题和话题结构的特征、功能等方面相关的研究。对与话题结构相关的某些方面的信息做统计数据的呈现。

2.1 话题

2.1.1 话题定义梳理

关于"话题"这一概念有众多不同的观点,也没有取得明确而一致的定义。国外对话题的研究起步很早,根据屈承熹(2006:191)介绍,"话题"这个术语最早是 Hockett 在 1958 年提出来的,用以表示一种内涵与主语的句法功能相似但又不容易从句法角度下定义的语言学概念。Hockett(1958/2003:251)认为:"主谓结构的最一般特点可以从它的直接成分的名称'话题'和'说明'两个术语来认识：说话者提出一个话题，然后对之加以说明。"赵元任将这一概念引入汉语结构分析，并同时介绍了"关涉性"的观点。此后语言学家们从不同的角度对话题加以定义并进行讨论，从信息结构、句法结构、语用属性、语言功能、语法语义及语用三个层面统一等角度出发探讨话题的概念。

2.1.1.1 从信息结构角度定义话题

信息结构是对句子的形式和意义进行分析的一个重要方面。发话人的话语中所涉及的相关事物及内容对于受话人来说是否熟悉或者熟悉程度怎样，会直接或间接影响言语双方决定采取的语言形式、连贯方式等。同样，言语交际双方所采用的不同语言形式将最终取得不同的言语交际效果。从信息结构角度讨论话题可大致分为两类观点，第一类观点认为话题是已知信息，而另一类观点认为话题是信息或思维的出发点。

持第一类观点的语言学家将话题定义为已知信息（或旧信息），作为表述的基础，而句子的其他部分则用以表达新信息，作为表述的核心。但是，事实上，对于话语中实体的"已知性"(givenness)，各学者有着自己的定义与判断。Chafe(1976：30)认为已知实体的特征是"已被激活的"，是说话人认为听话人在理解所听到话语的那一刻"已存在在听话人的意识中的"。但之后的学者认为已知信息/新信息两分法不够精细，提出区别性特征"是否存在着意识中"以及"是否可以指认"来区分信息的已知程度。换而言之，已知信息之间存在着程度之分。Lambrecht(1994：45-50)把句子的信息分为三类：旧信息、新信息和激活信息。旧信息指的是说话人假定听话人已经具备了的关于某信息的心理表征；新信息是说话人假定听话人在听完当前话语后即将获得的关于某信息的心理表征;而激活信息则指说话人假定听话人已具备的关于某信息的背景知识,但该信息通常不是句子的焦点。Lambrecht(1994:31)认为,如果命题表达的信息与一个指称相关或者是为了增进听话人对话语指称的了解,这个指称就可以被认为是该命题的话题。

用上述的已知信息来定义话题会带来分析操作上的困难,这是因为随着语言学的不断发展和人们对语境研究的深入,如何定义已知信息本身就已引发了不同的论点。从动态观的角度看,在自然话语中对句中的已知信息与新信息进行绝对的界定与区分显得十分粗糙。Prince(1981:233-236)提出已知信息和新信息在语篇中处于信息价值的两极,中间还有过渡状态,有的信息属于"可推知"信息。如果话语中的已知信息有程度之分,那么何种程度的已知信息可以成为话题?因此,用已知信息来定义话题给话语分析的操作带来很多不便之处。

同样是从信息结构的角度出发,持另外一种观点的学者将话题定义为信息出发点,相当于 Halliday(1970,1985)在功能语法中提出的主位成分,并同时将话题的位置限定在了句首。在Halliday(1970,1985)的系统功能语法中,小句内部结构可分为主述位结构。这样的结构往往与已知信息在前、新信息在后的信息结构相重合。因此,根据 Halliday(1970:162)的观点,话题是两个功能不同的概念的重合,一个是主位概念,另一个是已知信息概念。关于这方面的详细阐述可参见许余龙(2004:49)的研究。

在 Halliday(1967a,1967b,1970,1985)的理论中,主位是小句信息所关注的对象,是说话者所要表达内容的出发点,此外,一个小句可以含有多重主位,包括篇章主位、人际主位以及概念主位。但是,在现实的自然话语中,句首位置上有时出现的是呼语成分、伴随成分等,也有可能出现重复性的词语,将这些成分都视为句子

的主位,进而视其为话题,在理论上十分牵强,也不符合语感。(许余龙,2004:56)

张伯江和方梅(1994)认为主位中必不可少的成分"概念主位"(ideational theme)可理解为话题主位(topical theme),相当于通常所说的话题,可以由名词词语、处所名词及名物化的动词短语充当。梁源(2005)也认为主位结构可以解释话题化现象。许余龙(2004:54)提出了对 Halliday 话题主位的修正,将可以在小句中充当话题主位的成分局限于小句主语或补语,把附属语等排除在外。许余龙(2004:40-41)将话题与述题分别作了如下定义:

> 一个实体 E 是句子 S 的话题,当且仅当读者在处理 S 时,可以推测作者写这句话的意图是向他进一步提供关于 E 的信息。
> 一个谓项 P 是句子 S 的述题,当且仅当读者在处理 S 时,可以推测作者使用 P 的意图是对 S 的话题作出陈述。

许余龙(2004:63)对话题识别问题的观点是将主语和话题置于不同层面上,主语是语法结构中的单位,而话题是传递信息的篇章功能结构中的单位,尽管分处不同层面,两者常常可以重合。

2.1.1.2 以"关涉性"定义话题

很多学者认为话题即关于句子要说的事。这一观点建立在"关涉性"(aboutness)的概念之上,认为话题与述题之间的关系不一定是施事与受事的关系,话题与述题也未必有语义关联,话题是与述题具有"关涉性"的成分。这一观点接受面较广,许多语言学家对话题进行阐述时都将此作为话题与述题之间关系的基本特性。Strawson(1964:97)对"关涉性"的特性进行了论述,他的阐述如下:

> Statements, or the pieces of discourse to which they belong, have subjects, not only in the relatively precise sense of logic and grammar, but in a vaguer sense with which I shall associate the words "topic" and "about" …
>
> 作为话语片段,陈述不仅仅在逻辑与语法的意义上具有主语,同时,在较为模糊的意义上,还可以将其与"话题"和"关涉"相联系……

在论述中,Strawson(1964:97)认为话语是关注的对象,但对于话语的话题是什么有众多不同的答案,因此"关涉性"这一概念几乎是模糊的。Gundel(1985:85)提出话题的主要功能是"建立与话语的联系"。"关涉性"是构成话题特征的主要因素。屈承熹(2003)指出,在一个命题中,无论是透过语义还是语境,只要"关涉性"可以成立,就可以确认该指称对象是一个话题,而该命题则可以确认为述题。Sze(2015)在对香港手语进行的观察与分析中提出,话题不仅仅可以表达"关涉性",还可以为话语"设定场景"。该研究还进一步提出,表达"关涉性"的话题属于无标记话题,更倾向于是话题的核心特征;相反,为话语设定场景的话题则出现频率低,且带标记性。

以"关涉性"出发定义话题的学者往往更为偏重话题与述题之间的语用关联。当然也有学者对此提出疑问,认为"关涉性"的概念过于含糊,句法学、话语分析等都用这一概念,因而无法借此对话题下准确的定义,也不能帮助人们正确认识与辨认话题。

2.1.1.3 以结构式定义话题

从形式语言学的角度定义话题倾向于以结构式的方式进行描述,在句子结构中指定一个特定的位置,规定凡是能进入该位置的就是话题。(石定栩,1998)例如 Chomsky(1965：116-117)将话题定义为"表层结构中受 S 直接支配的位于最左侧的 NP"。当然,他的这一定义主要是以英语为研究对象,并未对汉语的话题结构进行考察。之后,C.-T. James Huang(黄正德)(1982)、Zixin Jiang(蒋自新)(1991)、Shuying Shyu(徐淑英)(1995)、Sze-Wing Tang(邓思颖)(1998)等在美国完成的博士论文研究基本都是在句法理论框架下,运用有关条件限制,解释汉语中的话题现象及话题的句法特征、变化及影响参数等。

鉴于汉语话题结构的多样性与复杂性,有许多话题结构事实上并不符合 Chomsky 理论的相关句法条件限制。另外,用结构式定义话题的另一个缺点在于,汉语的话题与述题之间关系松散,没有特定的论元位置,光有结构位置仍并不足以确定话题的地位。(石定栩,1998)

Xu 和 Langendoen(1985)曾这样描写话题句:"$\bar{S}$→TOP S"。这样的描述体现出了句子的层次结构。与其他形式语言学家不同的是,他们并不仅仅用结构式来定义话题,而是将结构式与叙述相结合,提出了以下的定义:

> 在结构式[s'X[s...Y...]]中,X 是个主要句法成分,而 Y 有可能是个空语类,而且 X 和 Y 有着密切联系。(Xu & Langendoen,1985)

其中 X 指的就是话题,Y 则是述题中与 X 同指的成分,具有相同的论元角色。这个定义基本上是从话题与述题间的句法关系出发的,无法照顾到话题的语义性质及话语功能。

为了避免结构式定义的这一缺点,石定栩(1998)尽管也从句

法结构角度探讨话题,却试图将话题的句法、语义和话语特性归纳在一起形成完整的定义。他提出:

> 主题(话题)是出现在小句(clause)之前的名词词组或相当于名词词组的成分,与小句中的一个位置有着密切关系;主题所表达的事物在前面的话语中已经提到过,而在当前的话语中再次述及。(石定栩,1998)

从这一定义来看,句子是为了提供有关话题的信息而建立的。石定栩(1998)的话题定义所存在的问题在于他将话题局限于名词性成分,而事实上,在之后的许多论文与著作中我们也可以了解到,汉语话题结构的复杂性程度较高,许多非名词性成分,如小句和动词词组等谓词成分,也可以做话题成分。在我们自己的语料中也不乏这样的例子。

2.1.2 话题地位

2.1.2.1 话题主语之辨

语言学家从句法的角度对话题进行的讨论,最早集中在对话题的句法地位的确定以及话题与主语之间的关系问题上。赵元任(1979:45)在论述中将话题与主语等同起来,对于主谓之间的关系,他提出:"把主语、谓语当作话题和说明来看待比较合适。主语不一定是动作的作为者……有时候,词语的省略使主语和谓语的关系松散到了如果放到其他语言里将成为不合语法的程度。"从这以后,汉语语法学界开始逐步形成一种共识,即汉语的主谓关系主要是话题与陈述的关系。

赞同赵元任先生主语与话题等同的观点的学者也不在少数。如李临定(1985)将主语定义为"位于句子左边的起话题作用的名词或相当于名词的成分",并且他也认为主语与谓语之间的关系松散,甚至认为在汉语语法中主语的地位并不重要,不必过分注重。也有持更为极端观点的学者,如 LaPolla(1990)对汉语语法研究中主语的语法地位进行否定,认为汉语中主语、宾语没有语法化,汉语句子是按信息结构组织起来的,与句法结构无关。

关于主语的确定,朱德熙(1982)的观点与赵元任(1979)的观点较为相似,认为在句首的成分都可以作为主语,如受事、工具、处所、与事等,但是介词短语不被包括在内。但是,对于主语与话题,朱德熙(1982:96)主张对两者进行区别,他指出:"说话的人选来作主语的是他最感兴趣的话题,谓语则是对于选定了的话题的陈述。通常说主语是话题,就是从表达的角度说的,至于说主语是施事、受事或与事,那是从语义的角度说的,二者也不能混同。"

由此来看,朱德熙(1982)似乎倾向于将主语和话题这两个概念置于不同的平面来看待,但遗憾的是他没有明确区分两者之间的不同性质。因此后来的学者往往没有注意到朱德熙(1982)提出的"二者也不能混同"的观点,而简单地认为朱德熙也持主语话题等同说。

刘丹青(2016a,2016b)以句法、信息结构和韵律特征为标准,对现代汉语中的话题和主语都进行了区分,提出主语的原型是施事,话题在多种情况下是与主语独立的成分。此外,还通过考察先秦汉语中的话题标记,进一步佐证了主语的原型特征和话题的已知性信息特征,提出两者虽然会交叉,但仍可以进行区别。

2.1.2.2 话题的研究层面归属

话题主语之辨在汉语话题的研究中持续了很长时间,后来的学者更注重对主语与话题进行区分,并将两者置于语言的不同层面进行研究。胡裕树、范晓(1985/1993)在吸收国外众多语言理论的基础上,提出在汉语语法分析中,要全面系统地把句法分析、语义分析和语用分析既界限分明地区分开来,又相互兼顾地结合起来。这一阐述后来被称为"三个平面语法观",而后来的众多学者都倾向于在研究中区分句法、语义和语用三个平面,也有学者在此基础上发展了语法分析的若干种模式,如范开泰(1995)。范晓、胡裕树(1992/1996)主张区分主语与话题,认为主语属于句法平面,而话题则属于语用平面,并进一步提到话题一般来说是已知信息,而述题是未知信息。与此相仿,范开泰(1985)也认为话题是语用分析的对象,他将话题区分为话语话题和结构话题,并着重分析话题与主语的关系。

陆俭明(1986)也主张区分主语和话题的不同层面,他提出:"主语是从词与词之间的语法结构关系的角度说的,它是句法学里的概念;话题则是从表达的角度说的,它是语用学里的概念,二者不能划等号。"他还特别强调在汉语的句子平面上,主语不一定是话题,而可以看作话题的也不一定非得是主语。陆俭明(1986)除了将主语与话题进行区分之外,还对话题的形式标记进行了讨论。这些论文主要是在"平面"上对主语与话题进行区分,强调并不能简单地将两者等同起来。

同样为了避免研究层面的混淆,陈平(1996)提出了句法话题与语用话题分开的两个概念,这主要是受到 Gundel(1988)的影响。按其想法,句法主题一定位于句首,而语用话题则不一定在句首,例如把字句中"把"的宾语通常可以视为语用话题,而非句法话题。如例1:

（例1）a 他把那本词典卖了。
　　　 b 他干了什么？
　　　 c 那本词典怎么了？

（陈平，1996）

陈平(1996)认为，例1中的a句既可以作为对b句的回答，也可以作为对c句的回答。如果a句是对c句的回答，那么这句话是关于"那本词典"的，用意是让听话人获得有关"那本词典"的知识或信息，那么在a句中"把"的宾语"那本词典"就是语用话题。

这样的分析在吴中伟(2004：13-14)看来并不妥当，此句中陈平所谓的语用话题在他看来应该是语篇的谈话中心，或称语篇话题。吴中伟(2004：13-14)认为，区分"句法话题"和"语用话题"在实际分析语句的过程中会产生许多重叠的概念，也无法形成统一的分析框架。基于三个平面的语法观，吴中伟(2004：28)认为话题是句子的语用结构成分，是"陈述对象"的语法化，是在句子中与句法结构、语义结构相关的语用范畴，并将其定义为："述题所关涉的对象，它是一个指称性成分，一般是定指的，表示旧信息。"尽管这一定义在某种程度上要求在对话题进行确认时联系语境，但他自己的研究却仍然基本上将对话题的考察局限在小句内，并未真正顾及语境中的其他语用因素。

徐烈炯和刘丹青(2007)的《话题的结构与功能》一书被认为是迄今为止对汉语话题句研究最为全面的一本专著。书中广泛采用了除普通话之外的上海话的材料，因为他们认为上海话有着比普通话更为丰富的话题现象。徐烈炯和刘丹青(2007：28-29)的研究主要是从句法角度展开的，认为在句法上话题有自己的专门结构位置，与主语、宾语一样属于基本句法单位，是汉语句子的一种句法成分,他们还用树形图的方式为话题确立其句法位置。

为了解释更多的句法现象,徐烈炯和刘丹青(2007:52-58)还在线性位置上把话题区分为主话题、次话题、次次话题。尽管书中确立了比较完整的分析框架,但仍然有些难理解之处。例如,话题既然在句法上有自己的地位,与主语、宾语并列,那如何解释在有的情况下出现话题、次话题等与主语、宾语重合的现象呢?他们声明,对于在动词之前符合主语的原型意义如施事、当事等,而同时又没有停顿和提顿词等形式的成分,就假定它们为主语,但这并不意味着它们在特定语境中不能分析为话题。(1998:52)但是关于"特定语境"具体涵盖哪些情况,他们并没有做具体说明,因此这样的说法实际上与他们提出的话题是独立的句法成分这一观点有矛盾之处。此外,在具体分析中这还为如何确定主话题、次话题等带来了困难。

对于话题的研究层面归属问题,袁毓林所持的观点在其前后的研究中经历了一个变化的过程。早先袁毓林(1996)主张话题是语用平面的概念,主语是句法平面的概念。之后,袁毓林(2000)又认为某些成分具有话题和主语或宾语的双重性,并借此判断汉语中的话题正处于语法化的过程之中。在评述徐烈炯和刘丹青(2007)时,他认为将话题确立为独立的句法成分固然可行,但在实际分析中面对话题与主语重合等情况却无法自圆其说。对于因设立次话题与次次话题而带来的句法概念上的混淆,袁毓林(2003)认为问题的症结所在是将话题设为独立的句法成分这一做法的解释力不够。因而,袁毓林(2003)主张还是把话题视为话语或语用概念显得比较自然,至少可以暂时先采取这样的观点进行更为广泛深入的考察。

2.1.3　本书的话题定义

基于不同的着眼点针对汉语话题所作的定义以及相关研究，已在前文进行了梳理与述评，在此想要说明的是本书在使用话题这一术语时所用的概念。首先我们来看 Gundel(1988：210)对话题和述题下的定义：

> Topic：
> An entity, E, is the topic of a sentence, S, iff in using S the speaker intends to increase the addressee's knowledge **about**, request information **about**, or otherwise get the addressee to act with respect to E.
>
> Comment：
> A predication, P, is the comment of a sentence, S, iff in using S the speaker intends P to be addressed relative to the topic of S.
>
> 话题：
> 实体 E 是语句 S 的话题，当且仅当说话人在说出语句 S 时，是为了增加听话人有关实体 E 的知识，或索取有关实体 E 的信息，或期望听话人对实体 E 作出有关行为。
>
> 述题：
> 陈述 P 是语句 S 的述题，当且仅当说话人在说出语句 S 时，是为了使陈述 P 成为针对语句 S 的话题而发出的论述。

上述 Gundel(1988：210)的话题定义中，关键词是"about"，在汉语话题研究领域我们称其为"有关"或"关涉"。认为话题是语用平面上的成分的学者都同意将"关涉性"视为话题的基本属性之一。对于汉语语句来说,这一点尤其适切,因为汉语语句中句首的名词性成分往往无法和谓项中的谓词产生直接的"行为"的关系,将它们相联系的只是两者相"关涉"。但是对于"关涉"这个概念的定义,很少有研究者谈及。在本研究中,将采用 Huang(黄衍)(1994:162)从语用学的角度为话题与述题的"关涉"下的定义:

  话题句中,述题的一部分或者整个述题小句必须谈到关于话题的某些事情。

笔者认同这样的观点,在本书的分析中,也认为话题属于语用层面,与述题是"关涉"的关系。笔者用在文献中出现频率很高的例句作为示例进行分析,例如例 2:

  (例 2) 象鼻子长。
(Li & Thompson,1981:93)

在传统的语法分析中,这样的句子被称为主谓谓语句,即主谓结构"鼻子长"做"象"的谓项部分。但是参照上述 Gundel(1988:210)的定义,该句中"鼻子"与谓词"长"有直接的关系,从句法上看是谓词"长"的主语,"鼻子长"构成了主谓结构。而"象"和"长"的关系只是关涉的关系,可以确认为该句的话题。更进一步而言,从语用角度来看,"鼻子"与"长"之间其实也可以视为话题与述题的关系,而两者结合而成的语句"鼻子长"在句中做话题"象"的述题。按照这样的分析,该句就是一个含有嵌套结构的话题—述题结构,可以分析为话题(象)—述题(鼻子长)[话题(鼻子)—述题(长)]。

如此分析,该句的话题—述题结构就很明显。但是对于其他的句子来说,句法层面的主语与语用层面的话题有时会有重合的现象,例如例3:

(例3)蔬菜又涨价了。

在该句中,在句法层面"蔬菜"是句子的主语。如果从语用角度来看,按照Gundel(1988:210)所给的话题的定义,"蔬菜"也同时是该句的话题。说话人在说出这个句子的时候,述题部分"又涨价了"是对话题部分作出陈述,意图是增加听话人对"蔬菜"这一话题的信息。

在总结上文提到的研究文献时,很多研究者似乎过分强调主语与话题之间的差别。例如,本章前面的小节提到,有学者在分析时将两者置于相同的分析层面,对它们分别作出种种规定,非此即彼,甚至在句法上再添加独立的位置来"安置"这无处可摆的话题。但是在分析中又时常把新添加的话题位置的实体与主语位置的实体合二为一,与下定义时两者的不可兼容恰恰相反,让人十分困惑。

在这方面许余龙(2004)、沈家煊(2004)、屈承熹(2006)以及Lambrecht(1994)的做法显得更可接受。他们在将主语和话题定义在不同层面的同时,并不把两者视为互相排斥的双方,而是更为理性地采用了有标记与无标记的概念。

事实上,为了不纠缠于话题与主语的异同,袁毓林(1996)就使用了区分有标记与无标记话题的方法。许余龙(2004:66)则更清楚地对两者进行了区分,他主张,在一个含有单一话题—述题结构的小句中,句子的话题自动成为一个无标记话题(如例3中的"蔬菜");而在含有内嵌话题—述题结构的小句中(如例2),最里层的话题—述题结构中的话题是无标记话题(如例2中的"鼻子")。语用层面的无标记话题在句法层面可以是该句的主语。

沈家煊(2004:222)和屈承熹(2006:197-199)的观点都与此类似,他们都提出了话题的原型的概念。沈家煊(2004:222)提出话题是一个原型范畴,可以用特征束来定义,完全具备这些特征的就是话题原型。屈承熹(2006:197-199)提出了汉语话题的三层特征,具有越多他所提出的"话题性特征"的名词性词语,就越有可能成为话题,而具备所有特征的词语则是原型话题。沈家煊(2004:222-236)和屈承熹(2006:197-199)都强调话题是语用层面的概念,但成为话题的词语也完全可能在句法上是主语,而这样的话题是无标记话题。例1中的"象",位于句首,与句子的谓词较远,而在它们之间还有另一名词词语"鼻子"与谓词更近,并且与谓词"长"具有语义上的关系。那么"鼻子"在句法上具有主语的地位,同时也是无标记话题,而"象"则是有标记话题。有标记话题在形态上和语法上有较为明显的标识,在小句和句子的范围内很容易识别。

在英语的研究中,Lambrecht(1994:132)从小句信息结构以及语言识解心理认知的角度认为,话题—述题结构是无标记的小句语用表达结构。所有的主谓结构在语用上都呈现话题—述题结构,而SVO句式中的主语可以理解为是无标记的话题。

当采用了"有标记"与"无标记"的概念之后就无须在话题与主语的区分上牵扯不清。在此,有必要说明,本书之后的章节中分析的小句的话题,指的是"有标记话题",与述题部分的谓词成分关系松散且灵活,不一定存在语义制约,两者之间具有"关涉"的关系。因此,如无特殊情况,下文及以后的章节中使用的"话题"指的都是小句中的有标记话题,而对于无标记话题则用句法上的"主语"这一标签来标识,以示区别。

从形式上看,有的话题是通过不同的结构手段凸显为有标记话题的,而有的则由停顿或者"呢""啊""么"等提顿词作为话题标记来表示话题的功能。如例4、例5:

(例4)这个故事呢它反映了一个红军战士对党的忠诚。
(例5)小时候的那个岁月吧,就是一张白纸。

例4和例5的话题通过话题标记"呢""吧+停顿"凸显,其中例4这个小句在结构上也有它的特点,属于左偏置结构。对于话题结构的不同类型,下文会有阐述。

许余龙(2004)、沈家煊(2004)及屈承熹(2006)所作的阐述使得我们无须在主语和话题是同是异的问题上投入过多精力,由此可以更轻松地对语篇中小句的话题进行识别。但是在阅读文献时笔者发现,有的学者在分析小句时将主语前的所有名词性词语都归为话题,如例6:

(例6)昨天,我在食堂碰到老同学。

在对例6进行分析的时候,有的学者将"昨天"视为该句的话题。如果将句首的时间名词视为话题,那么处所名词也同样可以做话题。对于这一现象,许余龙(1996)并不主张将表达时间、处所、方式等的短语都视为话题,认为话题是述谓结构所描述的动作过程中的一个参与者,或者虽不是过程的参与者,但是与后面主述结构构成关涉关系,是某个具体或抽象的认知实体。石定栩(1998)

的观点与其比较一致,他论证了将句首的时间、地点名词作为话题处理的不合理性,建议仍然沿用吕叔湘(1986)的分析,将主语前的时间词和地点词都看作状语。但是,如果句首的时间处所等短语并不表示谓词行为发生的时空特征或伴随情况,而是指向具体或抽象的认知实体,这时应将其视为话题,如例7:

(例7) 1984年9月1日,那是改变我一生的日子。

该例中句首的时间短语与例6的不同,并非做状语,而是指向的具体的认知实体,这一点依据小句中指向它的回指词"那"所承担的主语地位也可以得到印证。在本句中时间短语做话题,即有标记性话题。

本书讨论话题时所取的概念即上文所提的"有标记话题",在表现形式上有明显标识,如语序、提顿词、停顿等。本书参照许余龙(1996)与石定栩(1998)的观点,将句首的时间、处所短语等加以分析后区别对待,这样的方法也避免了像某些学者将话题规定在句首,却因此把呼语、虚词性成分等都归于话题的尴尬。从形式上来看,本书研究中涉及的话题大多为名词性的成分,包括指示词、代词、名词词组,但是也有谓词成分作话题的情况,如动词词组或小句。

2.2　话题结构

国内外学者对话题的研究较为深入,而对话题结构进行的研究往往从句法分析入手,探讨话题结构的生成原因。在这方面,形式语言学家们做的工作比较多。他们的研究主要是试图以Chomsky的句法理论解释话题结构,探究话题结构如何生成并如何参与定语从句的形成等句法转换。形式语言学的话题结构研究以C.-T. James Huang(黄正德)(1982)以及Xu和Langendoen(1985)的研究较为有影响力。

C.-T. James Huang(黄正德)(1982)从句法关系的角度切入,用移位的办法处理话题结构。主张汉语话题结构与英语的WH疑问结构相类似,是由深层结构中某一位置的成分向前移位形成的,而移位后在原处留下了语迹或者空位。这样的主张遭到许多学者的质疑,尤其在分析汉语中的某些话题结构时,移位说显得力不从心,因为这些话题结构中话题与述题之间并无明显的句法语义制约关系,在建构它们的深层结构时便很难用严格的句法条件进行限制。但仍有不少学者坚持此说,如Shi(1992)提出对于这些话题与述题关系松散的句子,可以通过增补成分、删减成分或句法变化的方法来论证移位的解释力。在笔者看来,为了使句子的分析能够去迎合句法理论的某些要求,而不惜改变句子原来的形式与状态,有削足适履之嫌。

Xu和Langendoen(1985)用了较为复杂的汉语话题结构句式来测试Chomsky句法理论对汉语话题结构的解释力,发现许多话题结构并不符合那些条件,如孤岛条件。徐烈炯和刘丹青(2007:51)继续坚持这样的主张,并提出话题化是由一般化转换生成的,即从词库中选择一些词,按一定的语法结构要求把它们组合成短语,然后把整块短语置入某个位置,与其他成分结合成更大的结构体。

这两种观点分别有各自的支持阵营。这些研究基本都以转换生成语法为研究框架,讨论论元的提升、移位以及空语类等句法操作上的一些问题,更倾向于在句法层面上研究话题,而对话语、语用层面的关注相对较少。然而,近年来的研究在视角上有了很大拓展。陆烁和潘海华(2014)在分析某些类型的话题结构时,发现用句法移位的思路进行分析面临很多问题,进而提出句中成分的语义和语用关系在话题化的允准中起重要作用。刘丹青(2019)、张林楠(2019)也在研究中提出,话题结构中有关成分的句法语义特点、语句的信息结构特征等对话题的出现及其指称特征都有着影响。因而,话题结构可能无法简单地以形式语义或者句法转换的范式得到解释。孙成娇(2019)利用动态语法对话题结构的多种类型进行分析,将词义、结构和语用之间的互动融入语句结构的解析。从以上研究可以看出,对话题结构的研究不能单单着眼于句法结构本身。

形式语言学角度进行的话题结构研究还有一个缺陷,就是在分析时往往造出一些结构上复杂而难懂的例句,然后在个人语感的基础上进行分析。这些例子与我们在日常的口头或书面交流时会使用的结构差别较大,更像是单纯为了分析结构而拼成的特殊结构,与我们实际使用语言的情况有相当距离。袁毓林(2003)将它们称为"离奇古怪"的例子,进而提出"汉语决不是可以任人随意打扮的小姑娘"。由此可以看出,在语言研究中脱离语言事实终究是站不住脚的。

本书对话题结构进行的研究,是从语言使用的角度出发,对会话进程中话题结构所体现的特征与功能进行观察与总结,也希望能发掘话题结构使用背后的语用认知动因。这样的研究比利用孤立句从结构上探索话题结构的成因更具有现实意义。在国外的文献中,这一类从实际使用和话语角度开展的研究近年来也较为多见,如 Netz 和 Kuzar(2006)、Leuckert(2017a)等的研究。

Gundel(1983)研究了语言中的话题—述题结构是用哪些特殊语法手段表现的。依据话题与述题在小句中的出现次序,她将话题—述题结构分为两大类,一类是话题成分先于述题部分(话题位于左边),而另一类则正好相反。Gundel(1983)把这两类结构都称为句法话题结构(syntactic-topic construction),进而又把句法话题位于左边的句法话题结构分为左偏置结构与话题化结构。例8中的A、B两句分别是英语中两种结构的例子:

(例8) A Pop music, I like it.(左偏置结构)
      B Pop music, I like.(话题化结构)

在这两类话题结构中,话题都与述题中的某个位置相关联。在左偏置结构中,述题部分出现复指话题的语言成分,即话题与述题中的某一论元共指。话题化结构的述题中并无这样的复指成分,通常与话题共指的是空位。英语中出现的话题结构都可以区分为这两类结构。

参照上述做法,依据话题在述题部分有无复指,笔者将现代汉语中话题与述题中某一位置有密切关系的话题结构也分为两种,左偏置结构和话题化结构。下面分别举例:

(例9) 这支股票啊,我明天就抛了它。
(例10) 这两支股啊,我们老股民都抛了。

例9中的话题是"这支股票",述题部分中可以找到复指话题的词"它"。这个句子的结构是左偏置结构。例10中的话题是"这两支股",在述题部分可以与其共指的位置上并没有回指词出现,而是一个空位,即"这两支股啊,我们老股民都抛了 Ø。"这个句子的结构笔者称之为话题化结构。

此外,在现代汉语中,有的话题结构小句中,由于话题与述题之间的关联十分松散,话题并不与述题中的某个位置直接相关,也不必要与述题中的动词有任何选择关系,只要述题与话题相"关涉",句子就可以成立。这种建立在"关涉性"基础上的话题句,据说是汉语句法的一大特点,Chafe(1976)、Li 和 Thompson(1976)等称之为"汉语式话题句"或"汉语式话题结构"。(石定栩,1998)与以上所提及的左偏置结构与话题化结构的区别在于,在汉语式话题结构中,述题部分往往并没有与话题部分形成共指的论元。如例 11 在各种文献中经常引用的汉语式话题结构:

(例 11) 那回大火,幸亏消防队来的早。

(Chao,1968/1979)

赵元任(1968/1979)的分析主张将"那回大火"视为主语,逗号后的成分为主谓短语做谓语。Li 和 Thompson(1976)持不同的观点,他们强调例 11 中句首的"那回大火"与其后的"来"没有语义上的选择或配合关系,不能分析为主语,应该理解为全句的话题。类似的句子多得不计其数,石定栩(1998)将它们进行分类,并对每一类都进行了其成为汉语式话题结构的合法性论证。

本书的研究对象是话题结构,包括了上文所述的这三种结构:左偏置结构、话题化结构以及汉语式话题结构。以下笔者将对本书所用的语料中析出的这三类结构在具体会话进行中的情况进行举例说明,并对其中的一些特征进行归类总结。

2.2.1 左偏置结构

如上文所述,左偏置结构指的是在述题部分存在复指话题的语言形式的话题结构,即话题与述题中的某一论元共指。复指话题的成分在语言形式上并不单一,存在多样性。左偏置结构在英文中被称为"Left-dislocation",那么在下文中笔者用其缩写形式 LD 来标识左偏置结构。例 12 为语料中出现的左偏置结构的例子:

(例 12)

<sp1>:另外就是说红军这些将领,

<sp2>:嗯,没有什么特殊待遇是不是?

→<sp1>:没有,你像.<u>那个里面那个吴焕先,[二]十五军的那个领导,</u>

<sp2>: ［嗯］。

<sp3>:(0)政治委员((点头))

<sp2>:嗯。

→<sp1>:<u>他</u>=.就是 ci.自己带头[..冲锋的]时候,他是拿着大刀.带头冲在前面的。

<sp3>: ［自己冲锋］

<sp2>:没有子弹?没有枪?

(U1)

例 12 取自会话语料 U1,其中箭头所指话轮中的画线语句为跨话轮的左偏置结构的例子,其中 sp1 的话语被 sp3 插入的话语短暂地打断,但是我们仍然能较清楚地分辨这是一个左偏置结构的语句。句中述题部分复指话题的成分为代词"他",在述题部分做主语。

（例 13）

→＜sp＞：出于大家能够理解的原因哈,我们拍飞鱼的妈妈还是没有拍她的样子,呃.老人还是会有一些顾虑的。<u>其实所有的这些...同性爱朋友的家长,他们承受的压力是更大的</u>。几乎每个人都经历过一个挺漫长的一个接受的过程,一开始很震惊..不相信痛苦愤怒.可能什么样的情绪都可能有,然后慢慢地觉得.没办法,无可奈何地慢慢地就接受了。当然也有很多家长最终是.不仅是接受了,还会特别支持孩子们的选择。呃...但他们承受的压力真的是很大,很不容易。

(U3)

例 13 取自会话语料 U3,其中的画线部分语句也是左偏置结构,述题部分复指话题的成分为"他们",在述题中为关系小句中的主语。

从以上两例可以看出,会话语料中出现的左偏置结构在话轮中出现的位置以及述题中回指话题的复指成分在位置与功能方面会有差异。多数左偏置结构都在一个完整的话轮内完成,有少数则因为其他会话参与者插入话语而打断,成为跨话轮的小句。述题部分中,回指话题的复指词或短语较多地出现在主语、宾语以及领格成分的位置上。对于这一点,后文还会有具体的统计与阐释。

2.2.2 话题化结构

如上文所述,本书研究的话题化结构是包含有标记话题的话题结构,话题与述题的某一位置紧密相关,而在述题的这一位置并无复指话题的成分,或者说复指话题的成分是空位。例14为会话语料中话题化结构的示例:

(例14)
<sp1>:其实一个人对于财富的追求本无可厚非,我们需要加强的是对一个大学生社会责任感的教育。而这也将是目前中国高校正在努力的方向啊。
→<sp2>:好,你方的努力我也看到了。但事实是.现在的学校已沾染了太多的商业气息,当衡量学问价值的标准已经变成金钱的时候,我们看到校园的宁静实际上已经渐渐远行。

(U9)

例14取自会话语料U9。箭头所指话轮中的画线句子为话题化结构的例子,话题为"你方的努力",与述题中"看到了"之后的空位关系紧密,且该处并无复指话题的语言成分。空位可以理解为处于述题部分宾语的位置。

在参考国外的研究文献时,笔者发现对话题化结构可以进行更进一步的细分。根据话题化结构中述题部分复指话题的空位所占据的句法位置,可以将话题化结构细分为宾语前置结构 OF (Object Fronting)以及主语凸显结构 SM(Subject Marking)。(Netz & Kuzar,2007)由于句子成分位置的特殊性,宾语前置结构往往较为显眼,属于屈承熹(2006)所指的由于句法形态上的明显标识而可以轻易识别的有标记话题结构。例如例14中的画线小句,可以较容易地识别话题这一成分与述题中宾语的位置相关联。基于对常规语序的了解,可以较快地判断这是异于常规句式的有标记话题结构。简单地来讲,这一类话题化结构在语序上与无标记结构表现出了突出的差异,而语序则属于广义的话题标记,因此宾语前置结构中存在较明显的话题标记—语序。

与之不同的是,主语凸显结构中的话题与述题中的主语位置接近,同时,述题中的主语空位是与话题相关联的位置。因此,从书面的角度来看,句子的结构顺序与常规的 SV(O)形式几乎一致,很难判断该成分是无标记主语还是有标记话题。因此,以往在英语的话题化结构研究中,研究者往往忽略主语凸显结构与常规的 SV(O)结构的区别而不对它进行研究。例如,Gregory 和 Michaelis(2001)就认为,位于谓语之前的主语因为无法用变换句子成分顺序的方式得到凸显,所以也不太可能经过话题化而成为小句的话题。实际上,他们这样主张的主要原因在于,之前的文献中所研究的话题化结构均为书面语语料。如果关注口语语料的话,可以发现除了用句式顺序的方式,还可以通过韵律来体现话题的凸显,而这些韵律成分包括多种不同特征。Samek-Lodovici(2005)、赵永刚(2019)等学者也通过韵律分析来区分话题、焦点等语句信息结构相关的特征。

Chafe(1994:57-58)就指出,自发的话语中音调(intonation)并不是随意地进行分割的,而语调单位往往是在功能性的切分成分(functionally relevant segments),是话语中信息单位的语言表现。语调单位的判断可以有很多不同的方式,如停顿、音高变化、语速变化等。话题部分与述题部分在语调单位的分界上受到多个参数的影响,如音调、音长、音强、音质、停顿等。当然,这些参数并不一定需要共现,在有的小句中话题与述题部分的边界也许只存在上述参数特征中的某一个特征。

Netz 和 Kuzar(2007)指出,SV(O)结构中主语与谓语构成同一个语调单位,而主语凸显话题化结构中话题的部分在韵律上与述题部分是分开的,有它自己的突出的语调,也因而成为有标记结构。在他们的研究中,他们用音律图的方式证实了从 SV(O)结构中把主语凸显结构分离出来,并将其作为话题化结构来研究的必要性。下面两张图为他们在研究中所用的例证,从图中能较清楚地看出两种结构在韵律上的差别。

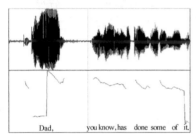 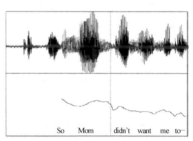

Fig.1　Dad, you know, has done some of it.　　Fig.2　So Mom didn't want me to--.

(Netz & Kuzar, 2007)

左图中的句子为主语凸显话题化的结构,而右图中的句子则是普通的无标记主谓结构。两句的句首 NP 在语义及语法地位上都相似,但是可以明显看出两图的区别:左图中的句子分为两个较为独立的语调单位,而右图中的句子则是一个单一的语调单位。图中的竖线是将句中的主语/话题与其后部分相隔的分隔线,在左边的音律图中可以清楚地看到凸显的话题与述题之间的边界,左图中的第一个语调单位后有明显的停顿。左图中话题部分的元音也明显加长。此外,音高曲线显示左边句子的"Dad"发音时有剧烈的上下起伏,而与此相对的右边句子中的"Mom"则在图中显得更为扁平。换而言之,左图中的话题与右图中的主语相比较在音高上占据了更为广阔的范围。这两张图能够比较明确地显示,在与无标记 SV(O)结构相比之下,主语凸显结构话题部分的韵律特征较为明显,元音偏长,音高范围广。这种韵律上的超音段特征与其他表示话题功能的音段成分,如提顿词,同属于话题标记。因此,有必要将由韵律成分作为话题标记的主语凸显话题化结构与由语序或提顿词作为话题标记的话题化结构一起进行研究。

以上为英语中的例证,现代汉语中同样存在主语凸显话题化结构,这类结构中,话题部分之后往往有话题标记,包括提顿词"吧、呢、么"等以及停顿。过去的研究中大多是依赖书面语语料的研究,因此多数研究都只涉及了由提顿词充当话题标记的主语凸显结构,而对口语中由停顿作为话题标记的主语凸显结构研究较少。

停顿在现代汉语普通话的会话中具有丰富的语用意义,如表示犹豫、拒绝等。除此之外,研究者们也一致认为,在无标记话题之后的停顿属于话题标记,所起的作用与其他提顿词相似,体现话题功能的超音段成分。(徐烈炯、刘丹青,2007:72-73)郑恒雄研究的台湾高山族语言中,主语后没有停顿,而话题之后则必然都有一个停顿跟句子后面的部分隔开。(徐烈炯、刘丹青,1998:72)现代汉语中,停顿的作用也许没有那么明确,但是在话题后有停顿的主语凸显结构与无标记的 SV(O)小句同样在韵律上有不同的表现。我们可以参照 Netz 和 Kuzar 的方法,通过观察两类结构的音律图来了解它们之间的差别。

下面的两个例子取自同一个会话语料 U3,是同一个说话人发出的话语,两个例子中句首为代词,而非名词短语。先来看例 15 转写后的文字语料:

(例 15)

A＜sp1＞：对,反正就就就很好,就两个人就相处了就觉得很好的朋友一样地相处嘛,然后.后来我记得她要回北京了,有一次给我打电话,就说她要她要回北京了,我当时正在..正在吃饭,吃完饭然后就.还要上班吧,

＜sp2＞：嗯。

＜sp1＞：但是当时特别着急,就还去单位签了一个到。(省)

B＜sp2＞：在生活当中,会有有摩擦的时候吗?谁更加.可能迁就谁一点?

＜sp1＞：嗯＝...她..迁就我一点。

例 15 的 A、B 两个语段中,画线的句子都是同一个说话人所说。A 段中的画线小句为无标记的 SVO 结构,而 B 段画线小句中的主语后存在明显的停顿,这一停顿是凸显话题存在的韵律特征之一。两句的音律图分别如图 2.1、图 2.2：

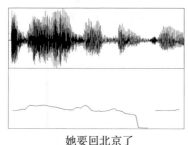

她要回北京了

图 2.1　例 15 语音图 A

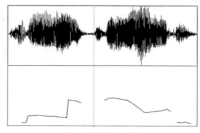

她..迁就我一点

图 2.2　例 15 语音图 B

从图 2.1 和图 2.2 可以看出,A 段与 B 段中的这两个小句,尽

管句首都是代词"她",但 A 段小句的"她"元音较短,且音高曲线非常平缓,音高范围为 Max240.06～Min202.26(Hz)。与之相对,B 段小句中"她"的元音明显拉长,且在音高曲线上有较明显的起伏,有较为剧烈的升降,音高范围为 Max273.87～Min94.10(Hz)。同时,在语调单位方面,B 段的小句有两个语调单位,两个语调单位之间分界明显,且分界刚好落在主述之间,而 A 段小句只有一个语调单位。结合语调单位以及音高曲线来看,B 段小句与 A 段小句在韵律特征上有着显而易见的区别,而正是 B 段小句的这种韵律特征将其话题凸显而使其成为有标记的话题化结构。小句"她..迁就我一点"的韵律特征成了该句的话题标记。

除此之外,由提顿词"吧、呢、么"等作为话题标记的话题化结构,在韵律上也同样具备与无标记 SV(O)不同的特征。我们可以通过例 16 观察它们之间在韵律特征上的差别:

(例 16)

＜sp＞:(省)

那个时候,除了这些个洞让我激动以外,还有一个更让我激动的向往,就是洞外的沙漠,沙鸣山。特别想去闯沙漠,然后每次都说关了洞以后我们去沙漠吧,然后(A)他们俩就懒得跟我解释,就说你别闹了,等到哪天不看洞从一早才能去呢。可没人跟我说为什么。(B)他们俩呢,经常一背摄影包…就去创作去了,然后给我洗一盆那个大白杏,哄着我说,自己乖乖在家吃杏吧,(嘿嘿)等着我们回来。(((@@@))然后就给我扔那了。后来我就忍无可忍,吃了好几天

的杏儿。(省)

(U7)

例 16 取自会话语料 U7,也是同一个说话人发出的话语。这两个句子句首的 NP 也是相同的,都是"他们俩"。所不同的是图 2.3 中的小句是无标记结构,而图 2.4 中的句子则在"他们俩"后带有提顿词"呢"。从图中可以看到,图 2.4 的句子中带有提顿词的"他们俩呢"是一个语调单位,与句子其后的部分在语调单位上有明显的分界,而图 2.3 的句子中不带提顿词的"他们俩"与之后的部分同属于一个语调单位。此外,不带提顿词的 NP 和带提顿词的 NP 在音高曲线上的表现也不同,A 小句主语"他们俩"的音高曲线相对平缓,音高范围为 Max479.85～Min381.03(Hz),而 B 小句话题"他们俩"的音高范围为 Max418.65～Min187.38(Hz),从曲线上能看出非常明显的升降。这些韵律特征与上文例 15 的情况十分相似,也就是说,由超音段特征停顿或者提顿词做话题标记的主语凸显话题化结构,在韵律上具有比较相似的特征,与无标记 SV(O)结构中韵律上的区别方式也较相似。

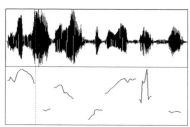 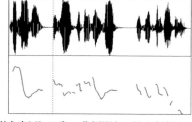

他们俩就懒得跟我解释　　他们俩呢,经常一背摄影包…就去创作去了

图 2.3　例 16 语音图 A　　图 2.4　例 16 语音图 B

以上的阐述说明,在观察会话语料时,除了由语序做话题标记

的宾语前置话题化结构,以及提顿词做话题标记的主语凸显话题化结构之外,同样需关注由 NP 后的停顿作为话题标记的主语凸显话题化结构,而这类结构在书面语中是很难与无标记的 SV(O) 结构相区分的。

  本书采用的是口语会话语料,在观察时笔者对以上几种话题化结构都作出标注。与语序和提顿词相比,作为话题标记的停顿界定起来并不十分容易。在会话语料的转写过程中,停顿指的是能让转写者明显意识到的话语上的语流停滞。卫乃兴等(2007)的研究表明,时间为 1 秒的停顿往往感觉不到,而超过 6 秒的停顿常常会导致会话的其他参与者插话甚至夺走话轮权。李悦娥和申智奇(2003)也有类似发现。显然话题化结构中的停顿不属于后者,在本书的会话语料中,通常听话人一方能根据话题的韵律特征识别话题之后的停顿,将其理解为与提顿词相当的话题标记,而非话语中的"卡壳"现象。因此,停顿作为话题标记在绝大多数情况下并不造成听话人一方抢夺话轮权,相反,他们往往会在此处用一些如"嗯、啊"等的反馈语表示关注或积极合作。这也说明在理解话语的过程中,他们对主语凸显话题化结构中话题与述题之间的语调单位边界非常清楚,因而可以适时地在此处加入反馈语。如例 17:

(例 17)
<sp1>:[他没有跟你讲?]
<sp2>:[是巴图跟我姐姐]讲了。
<sp1>:啊=
<sp2>:嗯.巴图特别不敢把这些话跟我..从来不跟我交流他的这些话。

<sp1>：(0)嗯。

<sp2>：因为他总觉得我会哭,他特怕我难过。然后这种事因为我当时没在国内。

<sp1>：哦。

<sp2>：等我回来,我姐姐给我打电话告诉我。

<sp1>：(0)嗯。

→<sp2>：然后老师也告诉我,说宋丹丹你放心,<u>这个孩子..</u>

<sp1>：(0)嗯。

→<sp2>：<u>在操场上自己有一个仪式什么。</u>

(U5)

例 17 取自会话语料 U5,其中箭头所指话轮中的画线小句为 SM 结构。该句中话题的停顿之后,另外一位会话参与者 sp1 适时地在这个语调单位分界插入了她们的反馈语"嗯",使得话题与述题之间的分界更为明显。显然,说话人 sp1 知晓此处 sp2 话语中的停顿并非是表述困难所致。另外,也有的小句是听话人的反馈语插入在先,而后说话人加以停顿。这更说明了听话人基于对现代汉语中话题化结构在语调单位上的分界以及话题部分音调特征的理解,能够对话题部分及其与述题的分界进行准确判断。例 18 也可以作为参考:

(例 18)

<sp1>：那是不是也有你和你的徒弟同台竞技的时候?

<sp2>：嗯..当时是,有一个。一个是李洪江吧是

→<sp1>：<u>徒弟.和.师傅</u>

<sp2>：嗯。
→　<sp1>：..一起参加同一个比赛?
　　<sp2>：对,那那个是他是抓了乒乓球了,不是说是人安排的[不是谁想]
　　<sp1>：　　　[谁会...谁]尴尬呢？那徒弟尴尬还是师傅尴尬？

(U6)

　　例18取自会话语料U6,箭头所指的画线句子中,在sp1说完"徒弟和师傅"时,sp2立即插入了他的反馈语"嗯",而后说话人sp1进行简短停顿之后继续说完了句子的其余部分,这说明听话人sp2对语调单位分界作出了正确判断。在例17与例18这两个例子中,话题之后的停顿都没有造成听话人抢夺话轮权,而是在插入反馈语之后让说话人继续说完了述题部分。在本书的语料中,出现以停顿作为话题标记的主语凸显话题化结构时,听话人在停顿前后插入话语,强行打断说话人的谈话并抢夺话轮权的情况几乎不存在,但是的确存在听话人在停顿处补充信息,并立即让说话人继续述题部分陈述的情况。这也同时说明会话双方对在这一位置出现停顿的语用意义理解一致,将其正确地理解为话题标记,而不是犹豫或其他含义。基于对停顿作为话题标记的正确理解,会话双方得以顺利且成功地将会话合作下去。

　　在笔者的转写过程中,无法做到对每一个话题之后的停顿都进行秒数上的计数,因此只能根据话题部分体现出的韵律特征作出大致判断,对停顿采取较为模糊的标识,第1章已经提过,短暂的停顿用一个实心圆点表示,略长的用两个圆点,较长的则用三个圆点表示。

综上所述，本书中要观察的话题化结构包括两类，一类是由语序为明显话题标记的宾语前置话题化结构，另一类是由"吧、呢、么"等提顿词或者是停顿作为话题标记的主语凸显话题化结构。

2.2.3 汉语式话题结构

笔者在研究中关注的另一类话题化结构是汉语式话题结构。这一类结构在英文及其他西方语言中较少见，因为西方语言往往在主谓之间有形式以及语义上的选择和配合关系。与此相对，如上文所述，现代汉语中句首名词性短语和谓词关系比较松散，并不一定要有形式和语义上的选择关系，它们之间的关系只是有"关涉"性。Li 和 Thompson(1976)发展了以"关涉"来界定话题的理论，明确提出话题不一定与述题中的动词有任何选择性关系，只要述题和话题相关，句子就可以成立。在本书的研究中，笔者把这种以相关性为基础构成的、述题部分没有与话题部分形成共指的话题结构归类为汉语式话题结构。

现代汉语小句中话题与述题的关系松散，并不意味着它们之间没有关系。对于句首存在多项名词性成分的句子来说，有关这些名词性成分之间的关系，过去的研究已有许多论述，如杨成凯(1997)、陈平(2004)等。话题与述题之间的语义关系不是本书研究的着重点。但是为了研究时方便观察与归类特征，依据语料中观察到的汉语式话题结构中话题与述题的关系，笔者也将这些结构大致划分为几类。先请看例 19：

（例 19）

<sp1>：有四中的吗？

<sp2>：有四中的吗？毕业的。
<sp1>：估计没有。
→<sp2>：<u>我们那个时候的四中那个院墙都低低的</u>，我们还在那儿住校，所以我们夜里想要跳墙出去的时候就能够用滑轮，把七辆自行车从墙里头吊出去，然后人再爬出去。(省)

(U7)

例19取自会话语料U7，箭头所指话轮中的画线小句属于汉语式话题结构，在这个小句的句首有两个名词性短语，"我们那个时候的四中"和"那个院墙"。这个小句在结构上与上文的例2很相似。这一类结构的共同点是，话题本身与述题中的谓词没有直接的语义关系，不是谓词的论元。但是它与谓词的某个论元有语义上的紧密联系，在意义上是谓词某个论元的领属格成分。(徐烈炯、刘丹青,2007)有学者提出,两个句首名词性短语之间可以加入"的",使之成为一个单一的名词词组,并继续担任主语,如例19中的小句句首的两个名词短语可合并为一个,"我们那个时候的四中的那个院墙"。句法学派的研究者认为这一类的基本形式为带"的"的名词词组做主语,在"的"前的成分由话题化过程提升到话题的位置上。笔者无意探讨这类句式是如何生成的,而只是对其做统一的认知语用上的观察,因此倾向于用另一种方式对其命名。考虑到这类结构中句首的NP1与NP2之间在语义上为领属的关系,也就是说在语义上话题是谓词主语的领格,笔者就将徐烈炯、刘丹青(2007)对话题的命名变通到这类结构上来,称其为汉语式话题结构中的领格式话题结构。从本书的会话语料来看,这种领属关系内部又有细微的差别。如例19中的小句,句首的"我们那个时候的四中"与"那个院墙"之间的语义关系可以理解为整体与部分的关系,同样,例 2 中的"象"与"鼻子"也可以理解为(身体)整体与部分的关系。本书语料中的领格式话题结构,NP2 还体现了与 NP1 相关的某些其他属性,如例 20:

(例 20)
　　＜sp1＞:(省)
　　　　　丹丹姐你觉得这个..符合常常理吧[常识啊]
→＜sp2＞:　　　　　　　　　　　　　　　[我觉得]其实怎么样都行,尤其女人到了一定年龄特别寂寞,我觉得其实.大概.(嗯)在网上找的都是三十多岁的哈,我估计不会是二十几岁吧[二十几岁的小孩机会太多了]。
　　＜sp1＞:　　　　　　　　　　　　　　　　　　[哎哟,不行,二十几岁现在]也有找。
(U4)

例 20 取自会话语料 U4,箭头所指的话轮中画线句子在句首也有两个名词短语,同样也是汉语式话题结构。该句句首的名词短语"二十几岁的小孩"与谓词并没有直接的语义联系,但是与"机会"之间的语义关系也可以理解为领属关系,或者用句法学家的观点可以用"的"字将两个短语连接起来。与例 2 和例 19 不同,这个小句中的两个名词短语之间并不构成整体与部分的关系,只能在宽泛的意义上将句首 NP2 理解为句首 NP1 的某个方面的属性。领格式的话题结构在本书语料中是出现频率最高的汉语式话题结构。

除了领格式的汉语式话题结构之外,会话语料中汉语式话题结构还涉及其他一些语义关系。如例21、例22:

(例21)

<sp1>:(省)可能他们对这个精神的理解有他们.呃.这个.有受.呃大人的影响历史的影响和一些这个书本的影响。那么今天在节目最后我们.恢复一下这个实话实说十十年之前的老传统,<u>我们四个嘉宾每人都要用一句话告诉大家</u>,在他的这个理解和他的这个.呃所走的这这.这个路程当中,他怎么来总结长征精神。

(U1)

(例22)

<sp1>:(省)这部电影的片名叫什么?

<sp2>:呃,中文名字叫今年夏天。

<sp1>:(0)今年夏天,呃.这部电影曾经在2001年吧,

<sp2>:嗯。

<sp1>:威尼斯.叫艾尔维拉.呃.娜塔丽奖,

<sp2>:哎。

→<sp1>:呃..后.我今天做这个节目我才知道,<u>得这个奖的这是第二部中国电影</u>,第一部是?

<sp2>:那个张艺谋的[大红灯笼高高挂]。

<sp1>:　　　　　[张艺谋的大红灯]笼高高挂,呃..当年得过这个.奖。

(U3)

例 21 和例 22 分别取自会话材料 U1 和 U3,这两例会话话轮中画线部分的小句都属于汉语式话题结构。我们可以观察到,这两个小句在结构上有共同之处,话题部分为其后述题中的某个论元划定了范围边界。例 21 的画线小句中,"每人"指的是所划定的"四个嘉宾"这样一个范围中的每人,而不是现场观众或者电视观众中的每个人。同样,例 22 的画线小句述题中"第二部中国电影"也不是指历史上的或是参展的第二部中国电影,而是在由名物化的词组"得这个奖的"界定的范围之内的第二部。因此,类似这样的汉语式话题结构中的话题,为述题中的某一成分确定了范围的界限。这一类结构在本书的会话语料中也出现得很多,且述题中与话题有关涉关系的论元的位置及形式也较多样。

除了上述提到的两种汉语式话题结构,还有一些汉语式话题结构中,述题部分是对话题部分进行的评论或者表达的态度,我们可以笼统地认为话题是述题陈述的对象。

(例 23)

    〈sp1〉:不带这么夸自己的,就本能的智慧。

    〈sp2〉:嗯..就是这么智慧。

〈sp1/3〉:@@@@

    〈sp1〉:抹干.眼泪.怎么样面对她?

    〈sp2〉:哎呀,就是…呃.她是一个特别简单的女孩,其实非常好相处,真的。

〈sp1/3〉:嗯。

→〈sp2〉:就我刚才讲的这个 Micheal Jackson 的问题,包括.呃戴戴安娜啊,

〈sp1/3〉:(0)嗯。

→＜sp2＞：她也是.都是..反正她都特别地动感情。她是一个特别浪漫的小孩,所以特别好dao手。(省)

(U5)

例 23 取自会话语料 U5,箭头所指话轮中画线小句句首的话题较长,且与述题中的成分都不存在领属关系,也没有为述题界定范围。在这个小句中,话题部分是述题部分陈述的对象,述题部分陈述的是主语对话题所表达的态度、观点或主张。在理解这类结构的时候,有学者提出可以在话题前加上"关于""在……方面"等介词性成分,使得话题作为陈述、描写或谈论对象的地位更为直观。总的来说,这一类话题结构中,话题是述题部分陈述的出发点所在,是陈述的对象。

还有一些汉语式话题结构,在理解的过程中,只依靠小句的语言信息无法直接将话题与述题相联系,需要依靠语境知识或百科知识才能将两部分相联系。这样的汉语式话题结构中,话题部分往往可以理解为述题所陈述内容的背景。请看例 24:

(例 24)

→＜sp1＞：其实在我们每个人很小的时候,从课本中,从历史的学习中,我们就知道,长征..红军付出了巨大的牺牲。长征.也创造了历史上的一个奇迹。那么 70 年之后,我们来说长征,是为了让那些没有经历过长征的人,让生活在现代的我们,来好好认识一下,长征到底是什么？来继承一下长征的精神,来了解.长征能留给今天的人..具体的精神内涵是什么？那么今天现场有四位嘉宾,先来介绍两位给各位认识,张海,徐壮志,欢迎两位。

(U1)

例 24 取自会话语料 U1。该例中箭头所指话轮中的小句,句首的话题的两个名词短语"长征"与"红军"之间并不存在如例 19 与例 20 中句首 NP 之间的那种领属关系,且语义关系也不如前几例中句首 NP 之间的关系那么紧密。在此句中可以将话题"长征"理解为述题所陈述内容的历史或事件背景。话题与述题之间的联系主要是依靠会话参与者双方的知识背景联系起来的,话题只能大致理解为述题部分陈述内容的背景。对这样的汉语式话题结构,可以将其称为背景式话题结构。背景式话题结构中的话题可以表达多方面的背景知识,如例 25:

(例 25)

<sp1>:据调查,目前培养一名理工科大学生,一年.大约需要投入一万五千元,培养一名文科大学生,大约需要投入一万两千到一万三千元。但根据教育部 2007 年 12 月 28 日发布的 2006 年全国教育经费执行情况统计公告,2006 年全国普通高等学校生均预算内事业费支出与公用经费支出合计 8 381.86 元。发展和需求的矛盾一直困扰着中国的大学。增加教学设施要钱,提高教师待遇要钱,扩大学校规模更要钱。<u>转型的中国.钱.也同样困扰着大学</u>,而直接面对这一难题的就是大学校长。

(U9)

例 25 取自会话语料 U9，这段会话旨在介绍我国高校的经费情况。画线部分的小句为汉语式话题结构。和之前的例子相同，句首也有两个名词性成分，分别是"转型的中国"和"钱"。句首的 NP"转型的中国"与谓词部分"困扰着"也没有语义上的直接关系，与另一个名词性成分"钱"也没有上文提及的领属关系，与另一论元"大学"的关系也并不密切。在这个小句中，句首的话题可以理解为述题所陈述内容的空间背景，这个小句同样可以归为背景式话题结构。因为"背景"所涵盖的范围较广，大多与述题部分无紧密关系的话题都可以从背景这个角度来考虑。当然，背景也可以分为多种类型，如时间背景、场合背景、空间背景以及事件背景等。

上述几种汉语式话题结构中，话题与述题之间的关系与廖秋忠(1986/1992)所述的框—梘关系有些相似：话题为框，提供总体的框架式信息；述题为梘，对框架中的具体信息或特征进行陈述。但是如果对小句个体进行具体分析，也不是所有话题结构都与其相似，在有的话题结构小句中，话题为具体成分，述题中则有总括成分回指话题。类似这样的情况会在第 4 章中述及。

以上介绍的四种类型汉语式话题结构，即领格式话题结构、话题界定范围的话题结构、话题为述题陈述对象的话题结构以及背景式话题结构，是会话语料中出现的频率较高的汉语式话题结构。除了这几类之外，也有极个别其他类型的汉语式话题结构，在此不作一一示例。汉语式话题结构的几种类型，是笔者以话题和述题之间的语义关系为视点来观察的结果。

2.2.4 话题链

曹逢甫(1979/1995,2005)在研究汉语话题的特征时，提出话题是一个超小句(语篇)概念,它可以而且经常将其语义管辖范围扩展到多个小句。那么,多个"共享"同一个话题的小句就构成了话题链。话题在话题链中控制代词化和省略。我们可以来看例 26:

(例 26)祝枝山知道此人底细,Ø 决心叫他破点财,Ø 故意开大口,Ø 要二百两银子才肯动笔。(转引自屈承熹,2006:200)

在该例中,可以较清楚地看到,第一个小句的无标记话题(句法主语)"祝枝山"的语义管辖范围涉及了后面的三个小句,并且因为后面三个小句都是与这个话题相关的,所以其中的无标记话题都得以省略。在句法分析中,这也可以称为是主语省略或者是零形主语。与此类似,本文研究的有标记话题也可以将其语义管辖范围扩展到多个小句,形成话题链。如例 27 曹逢甫(2005:52)所用例句:

(例 27)那棵树花小,叶子大,很难看,所以我没买。

该例中的第一个小句中,"那棵树"为有标记话题,"花"为无标记话题,即句法主语。话题"那棵树"所管辖的语义范围不仅仅是第一个小句,第二个小句"叶子大"可视为同样是对话题"那棵树"作出的陈述,只是这一小句的话题由于与前一小句话题相同,因此作了省略。同样,第三个小句也省略了话题"那棵树",而这一省略的话题是第三个小句中的无标记话题,即句法主语。第四个小句的话题同样是"那棵树",述题部分存在指向话题的空位。对该句的分析可如下表示:

<u>那棵树</u>　花 t 小 c,　∅　叶子 t 大 c,　∅　很难看,
　　topic　comment topic　　comment　topic comment
　　所以　∅　我没买。
　　　　topic comment

(曹逢甫,2005:52)

通过这一分析,我们可以清楚地看到,第一个小句的话题为"那棵树",之后三个小句的话题因与第一小句话题相同都进行了省略,从而形成了空位。这个句子中的四个小句共享了同一个话题,因而形成了话题链。另外,第一个小句、第二个小句中的述题部分也可以进而分析为话题—述题结构,用字母 t 和 c 在上述分析中标识。

如例 26、例 27 所示,多个小句共享同一个话题而形成的超小句结构被称为话题链。在本书研究的有标记话题形成的话题链中,各小句话题的省略和代词化与第一小句的话题关系密切,而话题链中的各小句与话题在结构上关系并不一定相同,可能存在不同的话题结构组合。如例 27 中,话题"那棵树"与第一个小句和第二个小句在结构上形成了前文所述的汉语式话题结构,而与第四个小句的结合形成了话题化结构。再看例 28:

(例 28) 人的心态啊,受到太强烈的刺激,它有时候会变形。

在例 28 中,"人的心态"成为之后两个小句共同的话题,这两个小句从而形成了话题链。从话题与述题之间形式的关系判断,第一个小句属于上文提到的话题化结构,话题与述题中的某一位置相关联,但是在该位置并没有复指词指向话题,而是空位。再看话题与第二个小句的关系,同样话题与述题中的某一位置相关联,

在该位置存在复指话题的词"它",因此属于左偏置结构。这一话题链由话题化结构与左偏置结构共同组成。

笔者还注意到,有的话题链拆开之后,其中的每一个小句都可以单独表意,但是有的则不行。例如,例28这个话题链中前后两个小句不是简单的并列接邻关系,两个小句如果拆开,第一个小句"人的心态啊,受到太强烈的刺激"显然无法单独表达完整的意思。

2.3 话题与话题结构相关研究

本节将介绍其他一些与话题及话题结构相关的研究,包括话题特征与功能等方面的研究。这些研究文献与之后章节描写与阐述的问题相关,在具体章节中不再另作介绍。

2.3.1 话题特征

对话题的特征进行探讨以Li和Thompson(1976,1981)以及曹逢甫(1979/1995,1996,2005)的研究较为有影响力。

Li和Thompson(1976,1981)从功能主义的角度出发,对英语、汉语以及其他多种语言中的话题进行了观察,试图从中总结话题的普遍特征,并在此基础上提出了话题的类型学研究,主张以话题优先/主语优先的区分来建立一种语法类型学方法。Li和Thompson(1976,1981)认为汉语是话题优先型语言,并从语法特征等方面解释了其与主语优先型语言的区别。Li和Thompson(1976,1981)对话题与主语做了系统的对比,并对它们的特征进行了列举性的阐述。话题的特征包括话题总是有定的、总在句子首位、与句子的动词不必有任何选择性关系、与动词没有一致关系、与反身化和祈使化等句法过程无关等。Li 和 Thompson(1976,1981)同时也列举了主语的特征,他们列举这些特征的主要目的在于说明话题和主语的差异,并未对两者进入各自在小句中的位置规定合格性条件。

Li 和 Thompson(1976,1981)的问题在于,虽然他们尝试将主语与话题区分,但是并未对两者给出清楚的定义,而是用逐一列举的方法来规定特征,包括所在位置、指称信息、与述题的语义关系等各方面。逐一列举的方法有其本身的局限性,如不能确保所列特征的穷尽性。此外,在他们的分析中,有时主语可以兼任话题;有的特征在主语与话题上都有体现,无法成为区别性特征,因此具体的话语分析中也有许多例外无法解释。对于这一点,有的学者表示无法接受,认为这与他们之前提出的两者为同一层次上的不同概念的观点相矛盾。

Li 和 Thompson(1976,1981)将对话题的讨论基本限定在单个小句的范围内,与此不同的是曹逢甫(1979/1995,2005)将视角拓展到单句之外。曹逢甫(1996)通过对话题化和话题提升的研究,也认为汉语是话题显著的语言,并发展了话题链的观点,试图对话题链形成的规律作出总结。曹逢甫(2005:48)将 Li 和 Thompson(1976,1981)列举的话题特征进行了发展,进而列出了话题的六大特征,包括话题总占据话题链第一个子句的 S 首位的位置、话题可以由停顿助词与句子的其余部分隔开、话题总是有定的、话题是一个语篇概念、话题在话题链中控制所有的代名词化或同指名词组的删除等。

Li 和 Thompson(1976,1981)所提出的话题特征基本上在曹逢甫的研究中得到了继承,但曹逢甫(2005:48)提出的话题特征仍然与其略有不同。这一方面是由于 Li 和 Thompson(1976,

1981)是从多种语言中提炼话题的普遍特性,而曹逢甫(1979/1995,1996,2005)只关注汉语,对他们列举的话题特征在汉语中进行了检验,并依此提出了一些限制;另一方面是他认为话题常可以将其语义管辖范围扩展到小句外,从而形成话题链,并认为这是语段形成的基础。曹逢甫(2005:48)提出话题的这些特征,尤其强调话题是话语平面而非句法的概念,希望借此确定汉语句子中的话题,并能将其很好地与主语相区别。

屈承熹(2003)在分析了曹逢甫(2005)提出的关于主语以及话题的特征之后,提出其中有些瑕疵,导致了话题与主语在句子中重叠的情况。这种情况在曹逢甫(2005)对例句进行分析时的确存在,尽管他希望能很好地区别主语与话题,但在实际操作中他似乎仍然将两者放在同一层次上进行分析,列出的两者的特征也有重叠。他采取的设立主话题与次话题的方法似乎也无法很好地解决这一问题。

屈承熹(2006)将话题理解为一个篇章概念,对于孤立的一个句子,他认为没有必要判断某一名词短语是否为话题。如例29:

(例29)他来看你了。　　　　　　　　(屈承熹,2006:195)

根据曹逢甫(2005)的观点,这句中的"他"被认为是话题,但根据他自己提出的关于主语的特征,"他"也可以理解为主语,在这种情况下曹逢甫(2005)提出的希望借以区分主语与话题的各大特征就失去了效用。对此,屈承熹(2006)认为如果没有语境而确定一个名词短语是否为话题是毫无意义的,孤立地分析结构会导致除了句法结构之外,话题就没有什么可研究的。上文已经提过,屈承熹(2006:198-199)提出了自己关于话题特征的观点,并将特征分为三个层次,同时还提出了"原型"的观点,认为具备所有三个层次特征的名词性词语就是原型话题。因此,话题性程度有高低之分,具备越多的话题特征的名词性词语,其话题性程度就越高,在与其他名词性词语产生竞争的时候,就更有可能成为句子的话题。当然,话题性程度并不是名词性词语成为话题的唯一条件,在话题形成的三个阶段,即导入、选取、接续阶段,有其他种种因素影响话题的选取与延续,如语义关系、前后景配置等。(屈承熹,2006:203-206)

以上所述及的研究中,Li 和 Thompson(1976,1981)与曹逢甫(1979/1995,2005)都是在小句层面为话题的性质与特征限定框架,而并不涉及小句之外的信息。屈承熹(2006)的考虑相对更有语篇倾向,他在阐述中始终强调话题属于篇章概念。但是,屈承熹(2006)提出的原型话题及层次性的观点,主要是基于对书面语篇的分析得出的,对会话语篇的适用性还需要更多的检验。

本书在考虑话题结构的特征时,采取的也将是语篇的角度,在会话过程中进行观察。笔者希望做的是以客观观察为基础总结特征,而不是列举话题"应该"具备什么特征,为话题作出限制性的规定。

2.3.2 话题功能

话题具有两大语用属性,关涉性和已知性,这一点已经得到多数学者的认同。因此,很多学者认为话题的基本功能是表示已知信息,且是说话人引导听话人注意的中心。很多学者试图从话题与述题之间的语义关系这一角度来探究话题在小句中的功能。话题与述题之间是否存在领属关系、上下义关系或者施受关系,这些都是用来对话题的性质及其在小句中所起的作用进行判断的依据。在这方面所做的研究有寿永明等(2002)、黎昌友(2004)等,此处不一一叙述。这些研究的观察角度都是从话题结构内部出发的,即便是曹逢甫(1996,2005)提出的话题链,也仍然无法突破句子的局限,且未能对话题结构在他所关心的语段中的特征与功能进行概括。

徐烈炯和刘丹青(2007)对话题的指称特点以及话语功能做了颇为详细的论述。在探讨话题的话语功能性质时,徐烈炯和刘丹青(2007:177-180)从语法化的角度出发,对不同语言中话题的语法化程度进行了讨论,并提出话题具备原型意义,而这一原型意义即为话题的话语功能。简而言之,徐烈炯和刘丹青(2007)认为话题作为话语成分,其核心功能就是话语内容之所关,即aboutness。具体地说,话题的功能主要在于以下三个方面:其一,话题为所辖话语划定了时间、空间或个体方面的背景、范围,可通称之为语域;其二,话题为听话人提供了语义相关性的索引;其三,话题提供话语的起点,并预示后续的述题部分。(徐烈炯和刘丹青,2007:180-184)

除了上述三个功能之外,对于很多学者提出的话题的对比功能,徐烈炯和刘丹青(2007:195-203)也进行了讨论,且也认为对比是话题的重要功能之一,但这是由上述的三个功能派生出来的非核心功能。同时,通过对上海话中的话题标记与古汉语中的话题标记进行比较,徐烈炯和刘丹青(2007:195-203)提出,话题的对比功能主要是依赖于提顿词这一话题标记实现的。换而言之,对于其他学者提出的话题具有对比功能这一观点,他们更倾向于主张话题标记才是话题对比功能的主要实现手段。但是,徐烈炯(2003)又认为话题部分常常表示对比或者强调。徐烈炯和刘丹青

(2007)虽然采用了许多日常的上海话材料,但这些语料多是单句,而非具有连续性的会话材料。因此,在观察与总结话题结构特征和功能时,无法考虑到动态的会话因素。

聂仁发和宋静静(2008)试图将词的形式、意义及内容三个要素相结合,认为交际中词的抽象词义受到相关因素的制约而具体化为内容,因此从这个角度可以探讨话题的交际功能。两位学者主张话题具有赋值的性质,一方面对述题中与之共指的回指词或空位进行赋值,另一方面话题自身也依赖客观世界或外部话语世界对其进行赋值,同时话题也可以减少述题表意的不确定性。与此相对,对于话题来说,述题具有表述的性质。聂仁发和宋静静(2008)将话题的赋值性质与述题的表述性质联系在一起,体现了语句的交际功能。虽然聂仁发和宋静静(2008)强调的是话题结构小句的交际功能,但仍然在研究中缺乏在具体交际进程中对话题结构的观察,更多是对话题与述题进行对比描写。

从上述的简要介绍中可以看出,之前的学者在对现代汉语话题的特征与功能进行观察时,大多从小句内部出发,从静态的角度观察话题的指称等特征,没有将话题结构所在语境的动态性考虑进去。

国外的话题结构研究非常注重从真实语料进行定性与定量的观察。例如有许多跨语言的话题结构研究,根据田野调查采集的语料对不同语言的话题结构功能进行描述与比较,并从类型学的角度、信息结构的角度加以共通的解释。(Schimojo,2016;Slomanson,2016;Yamaizumi,2011;Chappell,2019)有不少文献研究从语料库获取语料,或采集真实的互动语料,在语篇和功能的层面对话题结构进行分类、对比,如 Prince(1984,1997)、Gregory 和 Michaelis(2001)、Netz 和 Kuzar(2007)、Manetta(2007)、Lange(2012)、

Tizón-Couto(2012)、Simona(2015)、Bortolussi(2017)、Leuckert(2017)等的研究。国内也有少数学者对话题结构进行分类刻画和比较分析,如文旭(2005,2007),但讨论的语料与现象基本上仍然以英语例子为主,忽略了现代汉语话题结构的多样性与复杂性。因而现代汉语中的此类研究尚未得到相应的发展。

沈家煊(1989)提出可以在互动的会话中对"话题—说明"的特点进行观察,但之后这类研究仍然不多。较新研究中有一些在实际语言中探索话题结构使用的尝试,如陶红印(2002/2007)在日常会话中对话题结构及其伴随的非语言特征进行了细致的观察,提出了自己的分类体系,对笔者的研究很有启发。但是,从研究的广度与深度来看,仍然需要从实际话语中对话题结构做更全面的观察。

以上简要介绍的是在话题特征与功能方面较有影响力的研究,与本书之后的几个章节相关。与以上内容对应的是,第 3 章观察话题结构在会话中的信息特征,第 4 章描写话题结构的话语功能,第 5 章总结话题结构的认知语用动因及使用中体现的语用策略,第 6 章为话题结构作出认知阐释。在这些章节中,在对话题结构进行总体的描写与阐释的同时,也会对各类别话题结构做一些对比分析。

2.4 语料相关信息统计

在这一小节中将简要介绍对语料进行统计之后得到的部分量化数据。因为本书的研究方法是定性与定量相结合的方式,因此,仅仅依赖数据并不能全面地反映话题结构的特征与功能。考虑到这一点,在本小节仅对语料中的话题结构的出现频率与分类情况作大致的介绍,对于有关话题的形式、信息状态以及话语功能的统计情况,会相应在第 3 章与第 4 章进行具体的说明与阐述。

2.4.1 话题结构与话题链数量

在本书使用的 11 辑电视访谈语料中,各类别话题结构分布的情况如表 2.1 所示:

表 2.1 话题结构数量统计

	左偏置结构	话题化结构	汉语式话题结构	合计
U1	23	57	19	99
U2	8	30	6	44
U3	11	30	10	51
U4	18	21	28	67
U5	6	19	18	43
U6	13	25	16	54
U7	9	26	23	58
U8	14	22	6	42
U9	21	41	24	86
U10	5	22	7	34
U11	14	31	19	64
合计	142	324	176	642

笔者转写的会话语料经过整理以后,话题结构数量共计为 642 个小句,其中左偏置结构小句为 142 句,约占所有话题结构总数的 22.1%,话题化结构小句为 324 句,约占话题结构总数的 50.5%,汉语式话题结构小句为 176 句,约占话题结构总数 27.4%。

因为口语会话有其自身的特征,如会话时话语间断、语不连贯或者会话修正频现,有些话语本身以不完整的形式呈现,在会话语料中确定每一小句之间的界限具有相当的难度,因此笔者并没有计算会话语料中小句的总数量,也没有计算话题结构在小句总数量中所占的比例。

在本书所用的会话语料中,各辑节目时间长短较为相近,在每辑访谈中出现的话题结构均数为58个小句左右,但也有出现较多话题结构小句的,如U1,以及话题结构小句较少的,如U10。分析其原因大致如下:U1中参与会话的人数相较其他几辑访谈稍多,较固定的会话参与者有5人,还有随机参与会话的不同观众6人左右。此外,该辑访谈讨论的议题也较为集中,访谈的随意性相对较小,整个访谈几乎都围绕"牺牲"这一议题,而没有像别的访谈一样体现出更多的议题跳跃性。因此,U1的访谈语料中话题结构小句偏多。U10这一辑谈话节目的语料在转写后的字数本身比较少。这首先是因为在会话参与者中有外籍人士,所用的外语并不在我们语料分析的范围之内,此外,U10的谈话节目过程中穿插了一部分的歌唱、才艺等表演,也占用了一部分时间。因为这两方面的原因,与相似时间长度的其他节目相比,U10的访谈语料中整体字数偏少,相应地其中出现的话题结构也偏少。

从语料中笔者共整理了64句话题链。话题链由多个述题分享同一话题形成。话题链中话题与述题间的关系具有多样性,有由多个单一类型的话题结构小句共享同一个话题形成的,也有不同类型的话题结构小句共享同一个话题的话题链。在2.2.3小节中提到过,话题链拆开后的小句并不一定能单独表意,所以在统计相关参数的时候,不把话题链中的小句分开统计,这样也避免了数据的重复计算。因此,表2.1中所提到的642例话题结构小句并不包括话题链中的各类型话题结构。但是如果观察话题结构的整体情况,而不进行内部各类别的分别观察时,笔者会将话题链也包括在内。

2.4.2 主语凸显与宾语前置结构统计

从表2.1可以看出,占数量比例最高的为话题化结构。在前面的小节已经论证过,话题化结构可以进一步细分为宾语前置结构和主语凸显结构。笔者对这两类次结构也进行了统计。具体的情况可见表2.2。

表2.2 话题化结构次类别统计

话题化结构		数量(个)	比例(%)
次类别	主语凸显	250	77.2
	宾语前置	74	22.8
总　　计		324	100.0

从表2.2可以看出,本研究所用会话语料中记录的话题化结构内部,次类别主语凸显结构(SM)占据了多数,比例高达77.2%,而宾语前置结构(OF)的比例只有22.8%。

笔者论述过将主语凸显结构纳入话题化结构研究的必要性,而它所占据的比例之高更让笔者确信对其进行研究的意义。事实上,主语凸显结构的小句占了所有话题结构小句总量的38.9%,宾语前置结构的小句占11.5%。这一统计结果与 Netz 和 Kuzar (2007)的发现较为相似。在他们的研究中,主语凸显结构出现的频率大大地高于宾语前置结构。在他们的语料中,话题化结构的两个次类别中,主语凸显话题化结构占所有话题结构总量的

52%,而宾语前置结构的比例仅为3.5%,其余为左偏置结构。

除了关注话题化结构的两个次类别外,笔者同样也对左偏置结构小句进行了类似的分析。笔者发现,在左偏置结构中,复指话题的成分在述题部分的位置也有不同的呈现。

表2.3中所列的是在左偏置结构小句中,述题部分复指话题的词语在本小句述题部分所占据的语法位置。从表中可以看出,绝大多数的复指词语处于小句述题部分的主语位置,在142个左偏置结构的小句中出现了114例,这一比例高达80.3%;而复指词语在小句内处于宾语位置的情况为17例,占12.0%,这其中也包括了复指词语在小句作为"把"字宾语的情况。还有11例属于其他情况,其中大多数是复指词语在领属语或修饰语的情况,共计7.7%。

表2.3 左偏置结构话题回指词在述题中的语法位置

语法位置	频率(例)	比例(%)
主 语	114	80.3
宾 语	17	12.0
其 他	11	7.7
合 计	142	100.0

综合表2.2和表2.3的统计结果,似乎可以看到,在话题化过程中,话题化对主语或宾语位置的名词性成分的选择有某种倾向性。更具体来讲,主语位置的成分经过话题化而凸显成为话题结构中的有标记话题的频率更高,而无论述题中是否存在复指成分,处于宾语位置的成分经过话题化而成为有标记话题的情况都要少很多。对于话题偏爱与述题中主语相关联的现象,将在第6章对话题结构进行认知分析时尝试进行解释。

对于本研究中所涉及的另一类话题结构汉语式话题结构,因为这类话题结构的话题部分并不与述题部分的某个位置紧密相关,笔者无法在这方面对其进行横向的比较。

2.4.3 话题标记

在前面的小节中已经介绍过话题标记,话题标记通常具有某种形式的表现。用来体现话题功能的语言形式手段即可以成为话题标记。(徐烈炯、刘丹青,2007:71)以往的研究中很多学者提到的话题标记是从狭义的角度理解的话题标记,只包括了表示话题功能的音段成分,往往是助词成分,如"啊""呢""么""吧"等。方梅(1994)认为,现代口语里的句中语气词都是由句末语气词发展而来的,而本书所探讨的话题标记就属于句中语气词。徐烈炯和刘丹青(2007:79)对这一论点提出了异议。他们认为话题标记在小句中出现的时候,作为句子核心的动词通常并未出现,因此并不存在表达态度、语气的问题。而且,这些作为话题标记的词语并不一定都来自句末语气词,还有的来自副词。徐烈炯和刘丹青(2007:79)将这些词称为提顿词,"提"字表示功能,有提示之意,而"顿"则说明其结构特点,即停顿作用。本研究中也采用他们的术语。Wang(2020)的分析也表明,汉语中的话题标记涵盖了比标记词本身的词汇意义更宽广的意义,往往还有承担了部分话语组织的功能。

在本章的 2.2.2 小节,论述了将主语凸显话题化结构纳入话题结构研究的必要性,在论述过程中笔者提到,超音段成分以及语句排列顺序也可以作为话题标记,这是从广义的角度对话题标记的理解。本研究所涉及的超音段成分话题标记主要是停顿,而语句排列顺序也就是通常说的语序,在笔者对话题化结构进行次类别的细分时都已经论及。本小节主要是在数字上对本研究的会话语料中出现的话题标记作客观的呈现，也尝试对语料中的话题标记进行了大致的整理。

表2.4记录的是会话语料中话题标记的出现频率。在笔者关注的三种不同类型的话题标记中，出现频率最高的为停顿，共有

表 2.4　话题标记频率统计（单位：例）

结构类型			话题化结构	左偏置结构	汉语式话题结构	合计
小句数量			324	142	176	642
话题标记	停顿		215	84	34	333
	语序		74	17	0	91
	提顿词	呢	44	10	10	64
		呃	10	4	2	16
		啊	14	9	3	26
		哈	4	2	2	8
		呀	2	0	2	4
		嘛	3	0	1	4
		吧	2	0	1	3
		呐	0	0	2	2
		的话	0	0	1	1
		是吧	0	0	1	1
		哦	3	0	0	3
反馈语		嗯	6	2	2	10
		啊	1	0	2	3

注：最后两行的"嗯"与"啊"事实上是由会话当时的听话人作出的反馈语，确切来说应该并不是说话人在话语中所带的话题标记。但是因为有的反馈语出现在提顿词位置，且"嗯"与"啊"作为反馈语在这一位置出现的频率甚至高于某些提顿词，笔者暂且先将其列在表中，随后对其进行观察与描述，但在需要做统计时并不将其计算在内

333例话题结构中使用停顿作为话题标记,将话题部分与述题部分相隔。在许多话题结构小句中,停顿是单独出现的话题标记,当然也有很多停顿与其他话题标记共现的情况。例如,停顿会出现在其他提顿词前后,与提顿词同时作为该话题结构小句的话题标记,也会与语序作为话题标记共现。根据笔者的统计数字,在由语序作话题标记的91例话题结构小句中,有31例同时有停顿做标记,占34.1%的比例。而在共计132例有提顿词做话题标记的话题结构中,有61例同时出现停顿,占46.9%的比例。由此可见,作为韵律成分的停顿做话题标记,在话题结构中还是有相当广泛的使用。

语序与停顿一样属于非音段成分的话题标记。从本研究所用的语料来看,语序作为话题标记呈现的频率要比停顿与提顿词低,在所有642例话题结构小句中,仅有91例话题结构小句是具备这一话题标记的。在前面一个小节对这一点已经有过总结,话题化结构中的宾语前置结构以及左偏置结构中宾语成分回指话题的情况分别为74例与17例。当然,在这些小句中也有同时出现其他话题标记的情况。

经过梳理后,会话语料中记录下的提顿词在表2.4中都有所体现。可以大致将这些提顿词分为两组:一组是e韵的提顿词,包括"呢"和"呃";另一组为a韵的提顿词,包括"啊、哈、呀、嘛、吧、呐"以及双音词"的话"和"是吧"①。另外还有一个在所有的语料中仅出现3次的"哦"无法归类到这两组中。从出现频率来看,e韵系这组提顿词出现的次数更多,共有80例,而a韵系这组提顿

---

① "呀"应该属ia韵,"话"属ua韵,考虑到ia与ua可以与a韵通押,笔者为简便处理将其都归为a韵系这一组。

词出现次数为49例。在这些提顿词中仅出现过一种提顿词共用的情况,"呢"与"呃"共现,"呢"在"呃"前,且中间有停顿。在这种情况下,可以考虑这两个并非都是提顿词,前面的"呢"可以理解为提顿词,而停顿之后的"呃"更有可能是因会话过程中的语不连贯或思想短暂中断而造成的。

"的话"的主要功能就是做话题标记。江蓝生(2004)认为,"的话"是现代汉语口头和书面上使用频率都很高的助词,是"说NP/VP的话"短语话题化的产物。在本书的语料中仅有1例话题结构小句以"的话"做话题标记,出现频率如此之低应该和语料的语境有关。虽然是会话语料,但是本书所用的电视访谈与日常会话相比要更为正式,这可能造成了一些语言结构以及语词选择上的约束。

从本研究的话题结构类型上来看,话题化结构小句全部是以表2.4中的某种形式做话题标记的;左偏置结构小句中,有107例小句包含表2.4所列的某种话题标记;汉语式话题结构小句中,共有57例小句含有表中所列的某种话题标记。

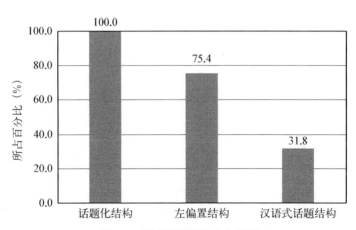

图2.5 呈现话题标记小句比例

从这些数字与各类别话题结构小句总量相比而得到的比例可以看出，话题标记出现频率最高的是话题化结构，而最低的则是汉语式话题结构。语料中所有的话题化结构小句都具备了表 2.4 中至少一种话题标记，可能是停顿、语序或提顿词。这与话题化结构的特点相关，如果没有停顿、语序或提顿词做话题标记，话题化结构也就只是无标记的 SV(O) 结构了。左偏置结构小句中具有话题标记的小句比例也较高，达到了 75.4%。相比前两类话题结构，汉语式话题结构中具有话题标记的小句比例显得比较低，只有 32.2%。这同样与其自身的特点相关。语料中最常见的汉语式话题结构是 2.2.3 小节提到的领格式话题结构。领格式话题结构小句句首的两个 NP 在语义上有较明显的领属关系，或者表达整体／部分的意义，或者 NP2 为 NP1 的性质、心理特征。因为关系紧密，位置排列也相对紧密，几乎不出现停顿。如前所述，提顿词本身也有标记停顿的意思，因此这类结构中用提顿词的现象也极少。相对而言，其他类型的汉语式话题结构中出现话题标记的情况更多见一些。但由于领格式话题结构比例较高，导致了汉语式话题结构整体而言呈现话题标记的比例偏低。

2.5 本章小结

本章首先对相关话题定义与话题研究层面的文献进行了简单的述评，明确了本书的研究对象——话题结构。然后，从研究所用的语料出发，对话题结构的几种类别分别进行了描述与分类。

本书的会话语料共有 642 例话题结构小句和 64 例话题链。话题结构大致分为三类：话题化结构、左偏置结构以及汉语式话题结构。其中话题化结构包括主语凸显结构与宾语前置结构两个次类别。主语凸显结构的出现频率远远高于宾语前置结构,包括以停顿和提顿词做话题标记的话题化结构。过去的研究文献中很少涉及停顿为话题标记的主语凸显话题化结构,笔者观察了这类结构的韵律特征,发现它们与常规小句有着明显的区别:话题部分与述题部分在语调单位上倾向于独立;话题相比主语具有更强烈的音高变化。此外,这些特征在由提顿词做话题标记的话题化结构中表现非常相似。因此,笔者认为有必要将它们纳入本书的研究对象中进行探讨。

笔者还对语料中的汉语式话题结构也进行了分类,大致分为领格式话题结构、话题界定范围的话题结构、话题为述题陈述对象的话题结构以及背景式话题结构。

本章还对语料统计的一些相关信息做了呈现与分析。统计结果显示,语料中出现频率最高的话题标记为停顿,其次是语序和提顿词,它们之间还会有叠用的情况。话题标记在三类话题结构中出现的频率也不同,所有的话题化结构都具有某种话题标记,汉语式话题结构中的话题标记则相对较少,这与它们自己的特点有关。

| 第 3 章 |

话题结构在会话中的信息特征

本章将对话题结构的信息传递状态进行细致的观察与分析。笔者将观察的着眼点置于话题结构所处的会话,而不是话题结构内部;将联系话题的形式、会话的语篇语境以及情景语境来观察话题的信息认知状态,同时也关注其在后续会话中的信息接续状态。两方面的综合考虑会帮助笔者对话题结构的信息特征形成更完整的理解,并为后文对其话语功能及认知语用因素的研究提供佐证。

3.1 信息类别

3.1.1 信息切分

国外对信息结构的研究较为成熟,语言信息结构的研究源于布拉格学派,之后得到了 Halliday 等学者的推动。Halliday(1967)认为,语言的信息结构是将交际行为组织成信息块,即信息单位的序列,并确定各信息块中各成分在话语推进过程中的值。我们可以将其理解为话语信息的动态组织方式。Prince(1985)认为说话人对话语进行组织,通常会照顾到听话人在想什么以及想要了解什么,使想要传达的信息结构符合听话人的期待。学者们对信息结构的研究形成了多种不同的研究思路与方法,如 Van Dijk 和 Kintsch(1980)的宏观结构理论、Gee(1999)的语调切分理论等。综合不同的观点与论断,大家形成的共同观点是信息结构对于语句有着重要的影响,包括语序排列、语义理解以及韵律特征等各方面。(Erteschik-Shir,2007;López,2009;Pan,2016)例如,信息结构会决定小句的重读与轻读的位置,也会影响语法成分所处的位置或复杂结构表征的形成。信息结构对语序产生影响而形成的语言结构就包括话题结构。

"信息结构"这一术语涵盖的概念多而杂,但是这些概念基本都会联系到信息的切分。国内外学者对某些语言结构的信息结构进行考察时,通常会将其负载的信息进行切分,较为常见的是将信息笼统地分为两大类,即已知信息(given information)与新信息(new information),当然还有很多不同的术语表达相似的概念,如旧信息/新信息、知晓信息/新信息、预设/焦点等。这样的区分得到很多学者的支持,在句法分析与话语分析领域,很多学者都对此进行过研究与论述。将信息状态与话题结构相关联,话题结构的信息结构可以理解为:话题部分表达已知信息,述题部分表达新信息。

但是有学者对此提出了质疑,例如 Prince(1981)与 Chafe(1976,1994)就对已知/新信息分析法提出疑问进而进行修正。Prince(1981)提出在实际的语言学分析中,这样的已知/新信息两分法并不实用。首先,各学者在使用这些术语时所下的定义都各有不同,无法在实际意义上达成一致。如 Kuno(1978)与 Halliday(1967)对已知(旧)/新信息的定义就有很大区别。Kuno(1978)依照信息在话语中可否回溯（recoverable）来定义旧/新信息。Halliday(1967：242)则是依据话语的声调特征进行定义，并提出在无标记的语句结构中已知信息先于新信息，已知信息与新信息之间以声调群为区分，而声调群则遵循"尾重原则"，即新信息位于声调群的尾部。

其次，已知信息与新信息这样的两分法也并不符合话语实际。Prince(1981)指出，当话语中引入一个实体时，如果这一实体负载新信息，事实上也可以分为两类：话语中原先没有而此时新添的信息，以及听话人原先已有了解但在此前未提及的信息。同理，即便是新添信息也可以进一步细化做区分。因此，已知/新信息两分是粗糙的框架，并不能反映话语中不同的信息类别。Prince(1981)对话语中信息的具体分类笔者将在之后的小节介绍。

Chafe(1976，1994)最突出的观点是他提出了"意识"（consciousness）的概念，并认为这在信息的处理中起着关键的作用。"意识"这一概念的引入，意味着对信息结构的理解不再局限在语言本身，信息结构与人的认知能力相关。Chafe(1976：30)所关心的是人们"意识"到在当下语境中不存在的事物或实体的认知能力，因而他提出"意识状态"的概念并更为细致地对话语信息进行归类。基于意识中激活信息的努力值、信息的可分辨程度以及凸显程度，Chafe(1976，1994)认为人脑的意识存在三种状态：活动的、半活动的以及不活动的意识（对应于 active、semi-active 与 inactive）。大脑的意识与话语信息结构之间是互相影响的，处理已知信息所需要的认知努力最少，处理新信息需要付出的认知努力最多。在已知信息与新信息之间有一种中间状态，为可及信息（accessible information），处理这类信息时大脑需要付出的认知努力介于上述两者之间。Chafe(1976：32)说明了信息的存在状态是瞬间状态,"已知"与"新"存在的时间是有限度的,信息状态的改变可能在极短的时间内就完成。因此,将话语进程中的信息简单地分为新旧两极并不符合大脑认知的规律。Chafe(1976,1994)的理论是对 Halliday(1967)所提出的信息结构思想的很大挑战,并将语言与认知紧密联系。遗憾的是,在话语分析的实际操作中,要对每一个"瞬间"状态进行精确的辨别判断或标注显得比较困难。

语言信息结构的研究中,话题结构一直是较为重要的研究对象,话题、焦点之间的差别,以及话题结构在韵律、指称方面体现的特点,形成了不少研究成果。如 Fernandez-Vest 和 Van Valin(2016)、Leuckert(2017a,2017b)、Winkle(2015)等的研究。总结前人的研究,本研究也将探讨话题成分在话语环境中体现的信息功能,但不采用已知信息/新信息的简单区别。由于本书的研究视角为认知与语用,笔者也会将语言信息与认知状态相联系。本书将结合 Gundel et al.(1993)的已知性等级理论和 Prince(1981)的熟悉度量表理论,形成分析框架,从话题回指与延续等多方面来考虑话题结构在话语进程中的信息特征。

3.1.2 已知性等级

3.1.2.1 已知性等级理论

已知性等级(Givenness Hierarchy)理论是 Gundel、Hedberg 和 Zacharksi(1993)在关联理论的框架下在之前的系列论文(Gundel, Hedberg & Zacharksi, 1988, 1989, 1990)基础上提出的。关联理论的基本观点是人类认知的基本目标是以最小的认知努力实现满意的认知效果,语言理解也是如此。语言理解的认知过程包含了许多推理的过程,听话人在接触到语言形式并将其解码为具体信息的时候,往往会同时对未以语言形式表达出来的潜在意义作出语用推理。语言理解中的消歧、会话含义以及指称都是以此为基础的。(Gundel et al.,1993)因此,在语言的建构与理解过程中,语法与语用两个体系相互作用,同时对这一过程起制约作用。关联理论正是语用体系中的制约原则之一,它的基本目标是解释人们是如何获取合适的认知语境来理解话语的。正是在这样的理论框架下,Gundel et al.(1993)认为,人们可以通过语言形式推理出未在形式上有所表达的信息,于是提出了已知性等级这一理论,希望可以根据语言形式判断相应信息在人们大脑中的认知状态。

上一小节已经提到,在信息结构研究中,不同学者对已知/新信息的定义各有侧重,且发展出更为细化的类别。Gundel et al.(1993)认为有必要对已知/新信息的各种不同层次作出区分,以理解语法对信息结构特征所起的作用,并更准确地表述信息在大脑认知中所处的不同状态。Gundel et al.(1993)的切入点是语词的表现形式与信息认知状态之间的关系,认为话语中某一所指所表达信息的已知性也就等同于其可预测性,而可预测性是存在程度的差别的。Gundel et al.(1993)认为,说话人使用不同的限定词与代词的形式,是假定这些形式在听话人脑中进行处理时具有不同的信息认知状态,即信息在听话人脑中得以记忆以及关注的状态。如图3.1所示:

in > activated > familiar > uniquely identifiable > referential > type identifiable
focus

it   this/that/this N   that N   the N   indefinite this N   a N

图3.1 已知性等级量表

注:Gundel et al.(1993)提出的已知性等级量表的主要依据语言是英语,本书的研究也可以尝试检验它在现代汉语中的解释能力与适切性

图 3.1 的已知性等级量表中,信息的认知状态体现为六种状态,分别是 in focus(焦点的)、activated(激活的)、familiar(熟悉的)、uniquely identifiable(可唯一识别的)、referential(有指的)以及 type identifiable(类指/类别可识别的)六种,在量表中从左到右排列,对应于信息在听话人认知中最活跃到最不活跃的状态,也就是已知性程度最高到最低的排列。这六种信息认知状态与英语中的限定词与代词的使用形式有所对应,也就是说,各不同信息认知状态是使用相应不同指称形式的充分必要条件。(Marchant,1994)以下就对六种信息认知状态及其对应的指称表达形式分别作解释说明。

(1) 在说话人使用代词"it"(以及其他人称代词)时,听话人能够将其与当前话语中正讨论的焦点或中心相联系,即听话人可以将语言形式"it"(及其他人称代词)所携带的信息理解为"焦点的信息",是当前话语正在关注的对象。(Gundel et al.,1993)

(2) 在说话人使用指示代词"this、that"或者"this+N"的形式时,听话人能够将其对应于自己即时工作记忆中的某个唯一表征,包括话语的参与者或者即时话语语境中的实体,也就是说这些语言形式所携带的信息对听话人来说处于"激活的"认知状态。(Gundel et al.,1993)

(3) 在说话人使用"that+N"的表现形式时,听话人应当可以将其与自己记忆(可能是长时记忆)中的某个唯一表征建立联系,即它所携带的信息对听话人而言处于"熟悉的"认知状态。(Gundel et al.,1993)这里的"长时记忆"也包括人们的常识与世界知识。

(4) 在说话人使用定冠词"the"限定某名词短语 N 时,听话人在对该名词短语进行认知处理之后应该可以将其识别为某个唯一的表征。假如在听话人的记忆中并没有与之对应的表征，那么他/她可以为其建立一个对应表征。"the＋N"的形式所携带的信息认知状态为"可唯一识别的"。（Gundel et al.，1993）

（5）接下来一个层次的信息认知状态为"有所指示"的状态，可以经由语言形式"indefinite this＋N"进行推断。"Indefinite this"是 Prince(1981)提出的 this 的用法之一，通常出现在陈述性的话语中，用于将新实体引入话语，尤其是对听话人来说并不知晓的实体。① 当说话人使用"indefinite this＋N"这一形式时，在说话人脑中应该是有其指向的确定具体的实体，而听话人在对整个句子进行认知处理后应当也可以将其与某个唯一表征建立联系；由这一形式所负载的信息的认知状态为"有指的"状态。（Gundel et al.，1993）

---

① 关于 definite this 与 indefinite this 之间的区别，试比较以下两个话语片段中 this 的用法：

例（1）
A. *This house* is always dark and cold.＝
B. ＝Cold. It's freezing in here.

例（2）
A. There's *this scene in*, what was that movie, *The Adventurers*, *this lady* — she wanted an escort man, you know, to take her places, you know, what do they call them, not gigolos, no, no-no, uh boy..
B. Just an escort service.
A. Yeah an escort service [...]（此两例皆转引自 Marchant,1994：10/17）

例（1）中的 *This house* 指向说话人当下所处的情景语境中的实体，对于说话人和听话人来说都是确切具体的所指，这里的 this 属于 definite this。例（2）中的 *this scene in The Adventurers* 以及 *this lady* 并不指向情景语境中的任何实体，并且也是话语上下文中新引入的实体。在说话人脑中这两个 this＋N(P) 的所指他是知晓的某一明确具体的实体，但对于听话人，它们是有待说明的新实体。indefinite this＋N(P)往往由特殊句式引入，如存在句、左偏置句等。Prince(1981)研究发现，indefinite this＋N(P)引入新实体后，后文往往会再有其他方式回指这一实体，换而言之，这一实体往往会成为之后的话语关心的对象。

(6) 当说话人使用不定冠词 a/an＋N 的形式时，说话人脑中并不存在某一具体的个体实体与之相应，而听话人应该可以借此将其与该实体的类别表征相联系，而非个体表征；这一指称形式所指向信息的认知状态为"类指/类别可识别的"。(Gundel et al., 1993)

图 3.1 中六种类别的信息认知状态，由左到右按照听话人脑中最活跃的状态到最不活跃的状态排列，是信息已知性程度从高到低的排序。对应的指称表达式中，左边四种都是有定的表达式，而右边两种则是无定表达式。换句话说，量表中最左端的信息状态为最为确定的状态，在当前的话语中最活跃，是听话人正予以关注的信息；而排在最右端的信息状态是最不确定的状态，听话人无法对其进行具体的辨别，而只能识别它的类别。

已知性等级包含了两种关系，首先是信息认知状态与指称表达形式之间的对应关系。其次，依照认知状态的活跃程度排列，六种状态之间存在从左到右的蕴含关系，上一级认知状态蕴含下一级认知状态。(Gundel et al., 1993) 例如，假如话语中某一实体的信息认知状态是焦点信息，那么它必然同时也是激活的、熟悉的、可唯一识别的、有指的以及类别可识别的。这就如同假使有一个人有十辆汽车，那么他也可以说是有九辆车、八辆车等。

3.1.2.2 现代汉语中的已知性等级对应表现形式

Gundel et al.(1993)的已知性等级理论是以英语为目标语言而提出的，而本书所要考察的是现代汉语话题结构的信息特征，因此有必要在现代汉语中对已知性等级理论做一个相应的对照。

在现代汉语中有一个相当常用的指称形式：零形回指（zero anaphora），指的是一种没有语音形式和表达形式却有意义的回指。学者们普遍认为零形回指形式在话语中出现时，往往它所指向的实体的信息在当前话语参与者认知中是最为活跃的，已知性最高,需要听话人付出的认知努力最少,这与省力原则是相符的。陈平(1987b)指出,汉语回指主要由三种形式表达:零形回指、代词回指(pronominal anaphora)以及名词回指(nominal anaphora)。其中零形回指频率最高、分布最广,被认为是汉语回指的标准模式。(Li & Thompson,1979)由于句法的限制,零形回指在英文中出现的频率没有在现代汉语中那么高,因而在已知性等级理论中也没有将零形回指包括其中。Gundel et al.(1993)认为,已知性等级理论在现代汉语中的对应表达可如图3.2所示:

In focus	>	Activated	>Familiar	>Uniquely Identifiable	>Referential	>Type Identifiable
Ø		*zhe* "this"		*nei* N		*yi* N "a N"
ta "s/he, it"		*nei* "that" *zhe* N				Ø N

图3.2 现代汉语已知性等级量表

可以看出,Gundel et al.(1993)给出的现代汉语表达形式列表中,缺少了与"熟悉"以及"有指的"两种认知状态相对应的表达,这并不意味着现代汉语中语词形式表达的信息不存在这两种认知状态,也不意味着没有语词形式可以表达处于这两种状态的信息。我们可以来看例1、例2:

(例1)

→ <sp>:(省)也就是说,啊,培养一个君子.不能仅仅成了一种工具,这个是不行的。成了一个工具那就是.技能型的。<u>这样子</u>.爱因斯坦.他也讲<u>了这个问题</u>,他说专业教育只能使学生成为一种有用的工具,但并不能成为一个和谐发

展的人。(省)

(U9)

(例2)

→ <sp>：(省)呃今天所有嘉宾都是.呃挺特立独行的在我们看来。而<u>这最后一位嘉宾呢,她.更加可能性格张扬一点</u>,可能这跟她的个性呃个性更张扬更更奔放更自由一点,可能跟她从事的艺术职业是有关系的。(省)

(U3)

例1取自会话语料U9。横线标注的小句中,人名"爱因斯坦"处于小句话题的位置,依据已知性等级量表来考察它所传递的信息,应该可以判断它的信息认知状态为"熟悉的"。虽然在上下文以及情景语境中都没有"爱因斯坦"可以指向的实体,但是会话参与者以及现场的所有观众在对它进行认知加工时都不会觉得困难,因为它存在于人们的长时记忆中。

例2取自会话语料U3。画线小句处于话题位置的短语"这最后一位嘉宾"在形式上为指示词"这＋修饰语＋NP"。假如上下文语境或者情景语境已经出现了该短语的指称对象,那么这一信息应该是激活的状态。然而,事实上,在播放这一段电视采访视频时,该小句的上文以及当时镜头所给出的情景语境中,都没有任何有关这个嘉宾的信息或者画面。在说话人说完这句话之后,电视画面才切换到介绍该嘉宾的视频片段上,播放完毕之后才给出了嘉宾的镜头。对于电视观众而言,尽管"这最后一位嘉宾"是说话人新引入话语的实体,但他们知道说话人是将其指向某一确定的实体的,而观众在听完后也可以将其与某个特定的实体建立起联系。同时，这一短语引入的实体此后也成了话语关注的对象以及话语的参与者，这一点符合 Prince(1981)对"indefinite this＋NP"的特征的阐述。因而，在此处，"这最后一位嘉宾"表达的信息应该是"有指的"状态。

从例1、例2可以看出，尽管 Gundel et al.(1993)没有指出可以对应于"熟悉"与"有指的"状态的现代汉语表达式，我们在具体语料中仍可以较为明确地进行辨别。

图3.2中已知性等级对应现代汉语的表达形式非常有限，只包括了零形式、代词、这(＋名词)、那(＋名词)、一(＋名词)几种形式。事实上，现代汉语中的话语指称表达式远不止这几种，还包括属格短语修饰的名词短语、关系小句修饰的名词短语等。此外，Gundel et al.(1993)在将汉语中的指称表达式与信息认知状态进行对应时，并没有考虑到有些表达式的特征。例如，张伯江、方梅(1996：156－157)发现，"这＋NP"在某些小句中表达类指；LaPolla(1995：305)认为在现代汉语中，几乎任何类型的所指都可以由一个没有显性标记的光杆名词来表示。因此，我们有理由相信，对话题的形式与信息特征的观察可以在一定程度上检验已知性等级量表在现代汉语中的适用性，同时调整与丰富已知性等级理论在现代汉语中的应用。在对语料进行整理时，笔者将处于话题位置的各种短语都依据 Gundel et al.(1993)的已知性等级量表进行对照，同时综合以下要提到的 Prince(1981)的熟悉度量表以及语境信息，对话题的信息特征进行记录与整理。

3.1.2.3 已知性等级的不足之处

已知性等级理论也并非十全十美，这一理论事实上无法解释所有的指称形式及其所指的信息认知状态之间的对应关系。Grice(1975)会话含义理论中的量准则提出以下两条细则：

(1) 说话人所说的话应当包含当前交际目的所需要的足够的信息。

(2) 说话人所说的话不应当包含多于交际目的需要的信息。

那么根据第一条细则,说话人在话语中使用已知性等级量表中的某一指称形式时,他/她的会话含义是这为交际提供了足够的信息,那么此时量表中位于它左边的表达更确定信息的形式就都不合适,对应的信息认知状态也不适切。(Gregory & Michaelis, 2001)例如,说话人使用 the+N 时,那么他/她要表达的信息的状态就是可唯一识别的,同时是有指的且类别可识别的,却不可以是熟悉的、激活的或焦点信息。但是,根据量准则的第二条细则,当说话人在使用量表中某一信息状态较弱的指称形式时,也就是提供较少的信息时,有可能他/她要表达的信息状态却要比它对应的状态更活跃,需要听话人自己依据相关的信息推理得出。(Gundel et al., 1993)这样一来,根据表达形式判断信息的已知性在某些情况下可能会有偏差,认知状态与表达形式之间的一一对应关系会被打破,那么交际双方就无法仅仅依赖指称表达式的形式来判断信息的认知状态。

除此以外,Gregory 和 Michaelis(2001)还举例说明了在理解指称形式所负载信息的认知状态时,不能忽略语境的作用。例 3、例 4 是他们使用的例子:

(例 3) **The kids, they are real people** and they are interesting and,

(例 4)

B: Both my husband and I work and our children are sixth, fourth, and third grade. And the school years

　　　　　are wonderful, they're just wonderful.
　　　A：Uh-huh.
　　　B：**The kids, they are real people** and they are interesting
　　　　　and,

(Gregory & Michaelis,2001：1683)

　　如果仅仅依据指称形式来判断信息的认知状态，比如单独看例3，the kids 这一指称形式在已知性等级量表上对应的信息状态为"可唯一识别的"。但是，如果把目光投向更大的语境，即例4，可以发现 the kids 所指的信息在上文中已有提及，之前的形式为 our children，因此该句中 the kids 所表达的信息的认知状态应该是激活的，而不是可唯一识别的，是由对话语篇上文激活的信息。这个例子说明，如果希望更合理地利用已知性等级量表的话，需要明确的不仅仅是说话人使用的指称形式，还需要知道当时的话语语境。

　　现代汉语中的例子也可以说明考虑语境信息的重要性。通常话题应该是有定成分，无定成分无法做话题，但是如果在具体语境中考察，会发现在真实会话中，无定成分也可以做话题。笔者用 Gregory 和 Michaelis(2001)的方式结合语境来解释例5至例7。

　　（例5）这个小伙子啊,爬上了山顶。
　　（例6）? 一个小伙子啊,爬上了山顶。

（徐烈炯、刘丹青,2007：143）

（例7）
　　＜sp1＞：那后来是在一个什么样的.这个机会.来了,你
　　　　　就在农村开始当机电工了?
　　＜sp2＞：当时我.好多事情都是自愿的,比如说邻居啊或

者是我们同学啊.或者是朋友啊他们家有点什么问题.就是像开关..呃..短绳啦,开关不.就不弹啦.呃灯不亮啦,

<sp1>：(0)那他们为什么会找到你呢？00:10:24-5
(省)

<sp2>：后来就我.就说是说为什么能到抽水站上去,也是就是说一开始搞这个电啊,这啊那个,这个不由得我.就.这么产生这么个兴趣以后,我就是说在.当时还买的那农村电工啊什么我就继续慢慢学着看着。00:10:52-8

→<sp1>：在农民眼里面,如果<u>一个小伙子</u>,他能当上电工,他有一技之长,在农民心目中,这是一个什么位置？受人尊敬吗？

<sp2>：对,是受人尊敬的。后来到.我到抽水站上以后,就.有一个师傅,这个师傅原来就是我们.大队的电工。(省)

例5与例6是徐烈炯和刘丹青(2007：143)用来对比的例子,他们认为例5是成立的,而例6难以接受,句首短语因其无定特征而不能接受话题标记,并因而得出话题位置排斥无定成分的结论。我们可以用已知性等级量表对例5至例7进行分析。例5中的"这个小伙子"所对应的认知状态为激活信息,它当然同时也是熟悉的、可唯一识别的以及有指的。有定有指的信息是可以作为小句的话题成分的,因此该句并无任何不当之处。例6中的"一个小伙子"的形式在已知性等级量表中对应的信息状态为类指,为无定信息,根据 Li 和 Thompson(1976,1981)与曹逢甫(1979/1995,

2005)等人的研究,这样的信息是不适合放在话题位置的,因此是不合句法的。然而,在例 7 中,同样是"一个小伙子"位于小句的句首,根据上文讨论 Grice(1975)的量准则第二细则,说话人在使用信息不充足的语言形式时,可以以会话含义的形式指向信息量更大、认知状态更为活跃的、已知性程度更高的信息。既然此处"一个小伙子"并非为了引入新实体,谈话双方及现场观众可以很容易地在即时工作记忆中将该短语的信息识解为谈话的一方 sp2。也就是说,说话人以量表中对应已知性最低的名词短语表现形式传递了已知性程度更高的"激活"状态的信息。

这一点完全有赖于语境的支撑,而不是光凭孤立句作出的判断。例 7 的句首短语虽然在形式上是无定的,在信息状态上却是有定且有指的,在小句句首充当话题就不存在合法性的疑问。由此可见,将话语置于其产生的语境中,考虑到说话双方的存在及其角色、意图等信息,并以话语发展的视角来对语句进行分析,会比孤立句分析以及单凭语言形式进行判断要更为准确。真实场景中语境对话语的信息起到了支撑与补充作用,同时也对说话人语言形式的选择造成了影响。

从例 5 至例 7 我们看到,仅仅以指称表达的形式为依据对其携带信息的认知状态作出判断会产生误差,这是在分析时需要同时参照 Prince(1981)的熟悉度量表的原因。

3.1.3 熟悉度量表

3.1.3.1 熟悉度类别

上文已经阐述,已知性等级理论中信息状态与语言表达形式的对应关系在某些情况下会被打破,此时往往需要依据形式以外的话语信息进行判断,这就与 Prince(1981)提出的熟悉度量表(Familiarity Scale)的思想较为接近了。熟悉度量表并不考虑话语中实体的语言表达形式,而是基于实体与话语之间的关系提出的。在对实体的信息状态进行界定时,Prince(1981)考虑到了激活这一信息的来源,而这正是 Gundel et al.(1993)提出的已知性等级理论中所缺少的。例如,我们可以来回顾一下上一小节曾引用的 Gregory 和 Michaelis(2001)的例子,在此重新编号为例 8。

(例 8)

B: Both my husband and I work and our children are sixth, fourth, and third grade. And the school years are wonderful, they're just wonderful.

A: Uh-huh.

B: **The kids, they are real people** and they are interesting and,

(Gregory & Michaelis,2001:1683)

我们不能简单地根据形式就将例 8 中 the kids 所指向的信息判断为是可唯一识别的状态,因为上文已经提到了 our children,此处的 the kids 实际是处于激活的状态,激活来源是上文的话语。Prince(1981)的熟悉度量表关心信息的来源为何,因此,根据熟悉度量表,可以较容易地判断这是语篇唤起(textually evoked)的信息,因此属于激活的状态。再来看例 9。

(例 9)

→<sp>:你们俩穿的是蓝色跟粉红色,我好像穿得不太对,我穿的是绿色呵。呃<u>刚才那个小品呢</u>虽然是我们同事自己演的,但是我觉得他们.是不是..能够反映出新股民的一些特征来?

(U11)

例9取自会话语料U11。按已知性等级量表中的对应关系来看,在横线标注的部分中,短语"刚才那个小品"对应"可唯一识别"的状态,也就是说,说话人应该可以将其与某一唯一表征相联系,假如在他/她的记忆中并无相应的表征,则可以为其建立一个相应表征。但是,如果将信息的来源考虑进去,可以判断这一短语所传达的信息在当前话语中是"激活"的状态,激活的来源是情景语境。因为在说话人说出这段话之前,小品刚刚表演完毕,有关它的信息还存在于观众的即时工作记忆中,处于这一认知状态的实体在熟悉度量表中称为"情景唤起"(situationally evoked)的信息。

从例8、例9可以看出,只有兼顾语言表达形式与信息来源两个方面,才能更准确地把握话语信息的认知状态。

Prince(1981)整理了各学者对已知/新信息的不同定义,认为话语中的信息并不是简单的二分,并提出了用"假设熟悉度"(assumed familiarity)来对信息进行分类。Prince(1981:235-237)认为说话人传达给听话人一系列指令,而语篇是听话人据此建立的话语模型,其中包含了一些话语实体、属性以及实体之间的联系。同时,她仔细介绍了话语实体首次得以进入话语、在话语中多次出现等各种情况,并将话语中实体的信息大致分为三种状态:新信息、可推断信息以及唤起的信息。Prince(1981)的熟悉度量表可以用图3.3表示。

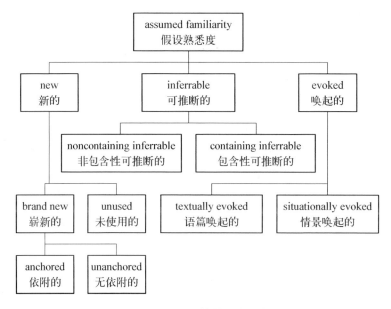

图 3.3 Prince 的熟悉度量表

注：图中对应的中文译名为笔者所加

Prince(1981)将语篇中实体的信息状态分成图中的几大类别,第一层级为新的(new)、可推断的(inferrable)以及唤起的(evoked),而这一层级的每一种状态都可以进而分为下一层级的状态。为使熟悉度量表中的各种信息状态简单易懂,我们用例子来结合 Prince(1981:235-236)的定义进行说明。

(1)新的(new):说话人首次引入话语的实体。崭新的(brand new):说话人在话语中引入的新实体。如果该实体的信息与其他话语中可识别的实体相关联,那么该实体信息是依附的(brand new anchored),否则就是无依附的(brand new unanchored)。未使用的(unused):当前话语中新引入的实体,与听话人话语模型中某实体相应,听话人只需将其调用即可完成对该实体的识解。

以下例 10、例 11 以及例 12 分别为无依附的崭新信息、依附的崭新信息以及未使用的新信息的例子。

(例 10)

无依附的(brand new unanchored)

→＜sp＞：就是..今年夏天.有<u>一场盛会</u>,有几十个国家的..朋友,汇聚在一起,这个增进感情,交流技艺,这是一场什么盛会?

(U10)

(例 11)

依附的(brand new anchored)

→＜sp＞：长征时期是..不光是中国革命,是应该说我们这个民族最艰苦的时期。一个军,二十五军,<u>几位主要领导</u>人人都负伤(嗯)。(省)

(U1)

(例 12)

未使用的(unused)

→＜sp＞：(省)其实就这,一句歌词就足够我感激罗大佑,其实<u>李宗盛</u>、罗大佑、<u>齐秦</u>、崔健,这些名字就装在那个小小的录音机里面,它陪伴了这么一段青春记忆,它成长以后它会让你觉得那样一个风发扬厉的、青涩无悔的岁月,(省)

(U8)

例 10、例 11 与例 12 分别取自会话语料 U10、U1 以及 U8。例 10 中画线的部分"一场盛会"是说话人在电视访谈开场的时候说的,属于新引入话语的实体,且不依附于其他实体。例11中的"几位主要领导"属于新引入话语的实体,但它携带的信息与"二十五军"有关,而"二十五军"在前文已经出现过,因此"几位主要领导"属于依附性的新实体。例12的话语上文已经出现了"罗大佑"与"崔健",而"李宗盛"与"齐秦"是话语中新引入的实体。但是说话人在说到这两个名字的时候,内心假定听话人对其是了解的,也就是说是存在于听话人话语模型中的、未被调用的实体信息。听话人只需要将与这两个实体相应的信息调用,就可以完成对它们的识解。因此,这两个实体的信息状态是未使用的新信息。这个例子与3.1.2.3小节中使用的例6是相同的情况,只是按照Gundel et al.(1993)的已知性等级理论它们是处于"熟悉的"状态,而参照Prince(1981)的熟悉度量表则是"未使用的新信息"。

(2)可推断的(inferrable):说话人假定听话人可以通过逻辑推理或者依据其他已唤起的或可推断的实体进行推断而识解的实体。假如可推断的实体是它所在的名词短语的一部分,则被称为包含性可推断的(containing inferrable)可推断实体,否则,则是非包含性可推断的(uncontaining inferrable)。(Prince,1981:235-236)熟悉度量表的三种实体信息状态中,最复杂的就是可推断状态了,这一点Prince(1981)自己也承认。我们可以从例13、例14来看看可推断的实体的情况。

(例13)
  非包含性可推断的(uncontaining inferrable)
  <sp1>:(省)呃..我感觉心情就像那个,如果你天天看大盘的话,那个刚入市的那种感觉,就像看那个大盘的起伏一样,有时候激动,有时候低沉,就是这样的一种感觉。

→＜sp2＞：嗯，就是对所有的<u>这个曲线</u>都心里边有振荡是不是。

(U11)

(例 14)

包含性可推断的(containing inferrable)

＜sp1＞：就是实际上孩子成长的过程也是我自己的..学习的过程

＜sp2＞：(0)成长过程，嗯。

→＜sp1＞：学习和成长的过程，所以..啊就是说我我为什么这本书的<u>这一章节</u>我没有办法跳开。

＜sp2/3＞：嗯。

＜sp1＞：因为你跳开了，就你就没必要写这书了。(省)

(U5)

例 13 与例 14 分别取自会话语料 U11 与 U5。例 13 中画线的短语"这个曲线"所指向的实体信息，可以经由另一个说话人提到的"大盘"推断得出，为可推断实体。名词短语"这个曲线"并不包含于其他任何短语之中，因此这是非包含性的可推断实体。例 14 中画线的短语"这一章节"同样是可推断实体，"这本书"在这段会话语料中属于唤起的实体，上文以及情景语境都是唤起这一实体的来源，而"这一章节"是经由"这本书"推断而来的，并且是属于"这本书的这一章节"这一名词短语的一部分，因而在此"这一章节"是包含性的可推断实体。

(3) 唤起的(evoked)：已经处于当前话语模型中的实体。语篇唤起的(textually evoked)：在话语上文已经出现过的实体。情景唤起的(situationally evoked):有话语当时所处的情景唤起的实体,包括话语的参与者、语篇语境之外的某些特征等。(Prince,1981:235-236)

我们可以用例15、例16来简要示例说明这两种状态的实体。

(例15)

　语篇唤起的(textually evoked)
　<sp1>:你四岁就看红楼梦?
　<sp2>:五岁半吧。
　<sp1>:天哪,那你三国呢?
→<sp2>:<u>那个</u>不喜欢,<u>那个</u>就往后放了。

(U7)

(例16)

　情景唤起的(situationally evoked)
　<sp1>:就这样,噢。((音乐))来。这样我可以坐在这儿听,噢。采访啊,孔先生噢,中国科学中心德方主任,孔蔼明教授。欢迎他((鼓掌))
　<sp2>:hello,你好
→<sp3>:呃.呃.嗯.<u>崔永元先生</u>..叫我.呃..帮助他采访您。是您对德国科学家的培养有什么建议?

(U10)

例15与例16分别取自会话语料U7与U10。例15中的画线部分两个"那个"都是唤起的实体,唤起的来源是话语上文提到的"三国",因而是语篇唤起的实体。例16中画线部分短语"崔永元先生"虽然在话语的上文并没有出现,但是指向的是会话的参与者,也就是<sp1>,因此是情景唤起的实体。如果用 Gundel et al. (1993)的已知性等级量表作依据的话,例 15 与例 16 中这两个画线实体的信息认知状态都是处于"激活的"状态,两者之间信息来源的差异就无法捕捉到。

3.1.3.2 熟悉度量表的不足之处

与已知性等级一样,熟悉度量表同样有自己的缺陷。同样是对话语中实体的信息状态进行判断,已知性等级的依据是指称表达式的形式,而熟悉度量表则注重实体信息的来源。Gundel et al. (1993)指出,在熟悉度量表的几种类型中,"可推断的"事实上不能算是一种信息的认知状态,"可推断"只是会话参与者获取实体信息的方式,更确切地来讲,基于它们与之前的话语之间的联系,"可推断的"实体可能处于不同的认知状态。对于这一观点,其他学者也表示支持。Gregory 和 Michaelis(2001)也认为,熟悉度量表中"可推断的"这一类别,实际上是对某实体获取已知性等级中某种认知状态的方式的描述。可以看例 17:

(例 17)

 <sp1>：你手里你手里拿的这个旗是这一次的收获吗？
  00:31:35-8
  （省）
 <sp1>：这个旗子太珍贵了。00:32:59-4
 <sp2>：非常珍贵。
 <sp1>：对。
 <sp2>：我们一共在梁宁宁老先生的授权下复制了八面,
 <sp1>：噢。
→<sp2>：其中这一面呢是现在是我们北京交通广播非

常珍视的一份.一份关于红军的记忆。另外七面呢,我们路上.我们也进行了七次公益捐赠。我们也作为我们那次公益捐赠的每一次的礼物,留给了我们七次公益的所在地,留在了长征路上。00:33:26-1

(U1)

例 17 取自会话语料 U1。箭头所指话轮的上文,会话参与的一方提到了"你手里拿的这个旗",当时是首次将其引入话语,指向情景语境中对方手中拿着的旗子。手持旗子的会话参与者之后在对旗子加以说明时,用到了"这一面"以及"另外七面"两个短语。如果用已知性等级作为判断依据,"这一面"处于"激活"的认知状态,语篇环境与情景环境都对此予以支持。从语篇语境来看,"另外七面"似乎是新引入话语的,但实际上"这一面"以及"另外七面"与前文的"八面"形成了部分与整体的关系。因而可以判断,"另外七面"所处的状态为"可唯一识别的"状态,因为虽然这一短语在话语中是首次出现,听话人可以将它与所指向的表征相联系,并在工作记忆中为它建立相应的表征。此外,"另外七面"获得可识别状态的方式是通过"推断"得来的,而推断的来源则是它与"八面"之间的部分与整体关系。从例 17 来看,"可推断的"确实更适合描述话语中实体获得某种认知状态的方式,而非状态本身。

3.1.4 本研究的信息分类框架

已知性等级与熟悉度量表有各自的特点与缺陷。在考虑语用原则以及语境因素后,已知性等级中严格的指称形式与认知状态之间的对应关系有时并不那么准确。熟悉度量表偏重对信息来源的判断,但它对信息状态的定义却是有争议的。因此,本书会将两者结合来判断语料中话题的信息特征。在信息认知状态的类别上,采用已知性等级理论中的类别,一共是六个类别的信息认知状态:焦点的、激活的、熟悉的、可唯一识别的、有指的以及类指的。同时,也参照熟悉度量表把信息来源考虑进去,以期对信息类别进行更为准确的判断。例18至例22为本研究会话语料中的例子,用以示例这六个不同信息认知状态的话题。

(1)激活的。

(例18)左偏置结构

<sp1>:那等于说呃那个.女战士的.我们讲所谓的这个婚姻也好,这个作为母亲的角色也好,在那个在那个时候都是=

<sp2>:对

<sp1>:都是要牺牲掉的?

→<sp2>:牺牲生命.看起来还是比较简单的办法(嗯),因为一旦牺牲就…但是你要是牺牲掉比如说把孩子扔下(嗯),把你自己.这个亲人给扔下(嗯),包括对这个生理极限的挑战(嗯),我想这一点对人来说是一种很大的挑战。中央红军走的时候,只有30个女红军(嗯)。除了.像康克清贺子珍这些少数的这些人之外,还有相当部分是..没有见见.嫁人的姑娘(嗯),就是做政治工作的女干部(嗯)。大部分红军,包括领导人的夫..妻子,都是留在.当时留在甘南闽西了(嗯),没有带走,在当里,留下了无数....我们叫红嫂。今天已经非常少了。<u>这些红嫂,她等她的丈夫</u>。

(U1)①

(2) 熟悉的。

(例19) 话题化结构

<sp1>：杨教授,您有没有比较过中西方的大学教育,给学生带来的不同.呃素质?

→<sp2>：呃我觉得刚才.纪校长讲的那个道和术的区别呢,呃很多前代的教育家呢都讨论过。<u>蔡元培呢也讲过学和术的区别</u>,也是一个大概的道理。那么在西方的古典教育当中呢,非常强调.大学教育的真正目标.并不是培养一个.有用的商人啊医生啊律师啊工程师啊,而首先是培养一个有教养的人,有智慧的人。

(U9)

(3) 可唯一识别的。

(例20) 左偏置结构

<sp1>：对,这个缺口的确是存在的。可是我们问一下为什么会存在这个缺口？在93年的时候国家就表示,到2000年时.GDP中百分之四的钱应该投入到教育中去。可是事实.八年已经过去了,中国这百分之四的钱从来没有到位过。这是财政的问题,而不是校长的责任啊。

---

① 本段中为节约篇幅,未将对方的回馈语"嗯"另作一行写出。

→＜sp2＞：可我们同时也看到,在 91 年到两 2001 年的十年间,<u>哈佛大学第 26 任校长陆登庭</u>,他就募集到了一百亿美元用于学校的建设,使学校的整体水平上升到一个新的高度。我们.这个时候我们想问一下,让大学校长主动承担起找钱这样一个任务,为什么不是一件好事呢?

(U9)

(4) 有指的。

(例 21) 话题化结构

＜sp1＞：那你的妈妈出去别人家,一 ti 一起出去.跟爸妈一起出去,

＜sp2＞：是。

＜sp1＞：你妈妈怎么介绍她?说这个是我的女儿,这个＝

＜sp2＞：是我女儿的朋友,就这样。

＜sp1＞：这样子。

＜sp2＞：对。

→＜sp1＞：呃..当然生活当中你们的朋友哇同事啊.都知道你们的..关系对吗?

(U3)

(5) 类指的。

(例 22) 话题链

＜sp1＞：对你来说,这怎么分布这些精力?家庭.工作,分配时间。

＜sp2＞：呃.时间,你说分配.这个根本谈不上分配。这个..只能说工作.工作..再工作。

→ <sp1>：但是人是这样啊,一个人.工作对他很重要,但是家庭生活.对他来说同样也很重要。那当你工作上取得很大成绩的时候,你发现.自己跟自己的家庭…歉疚有那么多,亏欠有那么多,你觉得自己的人生完满吗？你要不要改变它？

(U6)

需要说明的是,在本书的会话语料中并没有处于已知性等级理论中定义的"焦点的"状态的话题。根据 Gundel et al.(1993)的理论,活跃程度最高的"焦点的"信息,在形式上表达为非重音的代词。第2章曾经讨论过,话题结构在韵律上的特征包括话题在音长与音高上比无标记主语要更为凸显,可以参照第2章的例子(例16B)以及它的音律图(图2.4)。换而言之,有标记话题结构中话题的韵律特征之一就是在话题部分存在语调上的重音,这刚好与已知性等级理论对"焦点的"信息认知状态的特征描述相悖。因此,虽然本书的语料中的确存在代词充当话题的情况,如第2章中的例15B,但它们的信息状态不能归类为"焦点的"信息,这是由话题自身的特点决定的。

上文曾经提到,语料中的话题结构还包括了以动词短语及小句形式作为话题的结构,笔者将这类话题称为谓词成分话题。因谓词成分内部本身情况比名词短语形式更复杂多样,难以将其视为一个整体观察其指称情况,而以部分代替整体又缺乏科学性,因此在统计话题的信息特征时将谓词成分话题排除在外。

本书关注的是话题结构在会话中所表现的信息特征,因而与其他研究只关注话题结构内部的信息特征不同,本书关心的维度包括了两个方面：话题本身的信息认知状态以及话题信息在后续会话中的接续状态。在对前者进行研究时,会考虑话题的回指状态以及各不同信息认知状态对应的话题表现形式,以期对已知性等级理论在现代汉语中的应用取得更深的理解。在对话题接续状态进行研究时,也同时关注信息的接续形式,希望以此了解话题结构对会话信息构建的贡献。

3.2 话题信息特征

3.2.1 话题信息认知状态分布总况

根据上述思路,笔者对语料中的话题结构的信息特征进行了详细的记录。如前文所述,有一部分话题结构小句的话题部分是谓词成分,这样的情况一共有 64 个小句及 2 个话题链句子,占了包括话题链在内的所有话题结构的 9.3%,在进行统计时,笔者将它们排除在外,仅对剩余的 90.7% 的由代词、名词短语、"的"字短语等名词性成分担当话题的话题结构及话题链进行统计。

除去谓词成分做话题的话题结构以及话题链,语料中共 640 个话题结构小句与话题链句子,其中包括 301 个话题化结构小句、123 个左偏置结构小句、154 个汉语式话题结构小句以及 62 个话题链句子。笔者综合已知性等级及信息来源对话题的信息认知状态进行了归类,以信息活跃程度从高到低排列,共 309 例话题为激活的信息,是五个类别中占比例最高的类型,熟悉的信息共 44 例,可唯一识别的信息占 76 例,有指的信息共计 137 例,话题为类指的信息共计 74 例。图 3.4 是各类别所占的百分比。

已知性等级中的前四种信息认知状态为已知性程度较高的状态,包括焦点的、激活的、熟悉的以及可唯一识别的信息状态。上

第 3 章 话题结构在会话中的信息特征

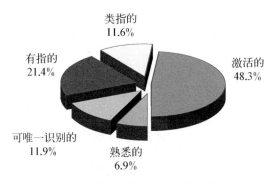

图 3.4 话题信息认知状态分布总况

注：因在小数点后二位进行了四舍五入，所有部分比例相加之和为 100.1%。

文曾论述过,焦点的信息自身的特征决定了它不会出现在话题位置成为话题,笔者的统计中也没有这样的个例。从统计结果来看,总体而言,现代汉语话题结构的话题信息状态已知性程度较高,激活状态的话题接近所有话题的一半,如果将激活的、熟悉的以及可唯一识别的三类信息综合在一起,则占了所有话题的 67.0%。

在现代汉语研究中,多数学者习惯用有定、无定、有指、无指等类别来划分名词性成分的指称义,因此笔者也尝试将上述统计结果与这些指称义做对应的观察。根据陈平(1987a)的观点,激活的、熟悉的、可唯一识别的以及有指的都属于有定的信息,那么有定的信息在本书的话题结构小句语料中占了非常高的比例,达 88.4%。

类指在现代汉语研究中也可称为通指,刘丹青(2002)认为,在指称系统中,类指名词成分似乎不是与其他指称义如有定、无定、有指、无指等在同一个标准下划分出来的,有时与其他指称义有交叉,与全量、无指、有定等都有纠葛。但是,Li 和 Thompson(1975)认为句首的名词必须解释为是有定的,即便在形式上是通指的也应该解释为有定信息。此外,如在第 2 章中介绍的,Li 和 Thompson

(1976)、曹逢甫(1996,2005)以及屈承熹(2006)都对话题的有定性特征进行了阐述,前两者认为话题总是有定的,后者则认为话题或者是有指的,或者是特指的,而有指或特指也都是有定的。但是,本书的语料中有 11.6%的话题结构中的话题信息状态为类指的,难以全部归类为有定信息。Givon 提出在话题位置上的名词性成分可以是有定的,也可以是通指的。(转引自 LaPolla,1995)张伯江和方梅(1996)以及刘丹青(2002)也都提到了类指成分做话题的情况,并列举了类指成分做话题的几种不同情况。

比较前人的这两种不同观点,笔者在语料中统计的情况与 Givon(LaPolla,1995)、张伯江和方梅(1996)以及刘丹青(2002)的观点更为接近。语料中 88.4%的话题都是有定的,剩余的 11.6%的话题所指为类指的。同时,还有相当一部分话题所指尽管在形式上是类指的,但是也表达出了强烈的有定倾向。

如上文所述,笔者对话题的信息认知状态进行判断有两方面的依据:一是已知性等级,二是熟悉度量表。前者按照指称形式进行分类,而后者则兼顾了话语上下文以及情景语境。在综合考虑了话题指称形式以及语境信息之后,笔者得出的结论是类指信息在小句的话题位置往往存在着有定的倾向。我们可以来看例 23:

(例 23)

    <sp1>:当时..那位外国专家.他这个面子上有没有一点下不来台的感觉?

→<sp2>:我觉得 A 做技术的人他.他没有他没有,他倒是一直没有。但是从..从就说人表情上来看的话确实还有那么点愧疚的..感觉啊。

    <sp1>:当时工友们的.什么样的情绪?

<sp2>：当时我们那帮工友就.真是想..一雀跃.就是像一.就是一哄而起雀跃的高兴的,就是那种感觉。

<sp1>：为什么会有那样的感觉？

→<sp2>：因为就是觉得..**B** <u>一个外国产品,在咱们中国工人手里就给降服了</u>。它当时出那个故障当时.谁都.不敢想象咱们能把这个问题解决了。

→<sp1>：为什么不能想象..**C** <u>外国的产品,中国工人解决不了</u>？谁有这种想法？

→<sp2>：就是我们的工友那么想嗯。**D** <u>外国的专家.外国的设备</u>,你怎么能..就是说咱们中国一个技师..技术工人里边成长出来一个技师能把人家外国人问题能解决了吗？

(U6)

例23取自会话语料U6。在这段会话的上文,说话人sp1与sp2谈论了2002年施工时sp2发现一个法国产品出差错的事情。在例23截取的这一语段中,箭头标识的话轮中有四个话题结构小句。假如不了解先前话语的内容,根据A、B、C、D四个小句句首话题的形式,它们都是类指的信息。但是,当我们结合先前话语所提供的语境,我们会发现A小句中的话题"做技术的人"较明确地指向上文提到的那位外国专家,B小句中的话题"一个外国产品"虽然带着无定标记"一个",但联系上文听话人也能明确地将其识解为施工当时sp2解决的那件产品,因而这两个类指的话题的有定倾向极强。在C小句中的话题"外国的产品"以及D小句中的话题"外国的专家外国的设备"仍然是类指的信息,但由于有话语

115

语境的支撑,指称信息的有定倾向要比这两个句子在孤立状态下要更强。关于名词性成分所指的有定倾向,陈平曾经提出过"非定"(indeterminate)的概念,他认为非定的名词性成分所指的语用地位,听话人是根据句法或话语环境来确定该名词性成分到底是有定的还是无定的。(转引自 LaPolla,1995)话语环境提供的信息是判断名词性成分指称义的重要依据。此外,陈平(1987a)还提出名词成分前的修饰成分越多,有定的倾向就越强。根据这些观点,我们又梳理了语料中类指的话题,在参考了会话语境以及话题本身提供信息的复杂程度之后,认为77句类指的小句及话题链的话题中,至少有48个话题可以认为是有定倾向很强的成分。

以上的分析再一次说明,将已知性等级与熟悉度量表相结合进行评估非常必要。缺少语境信息的支撑而仅依赖指称形式,无法对指称信息状态做更深入细致的甄别。本书的统计结果不像 Li 和 Thompson(1976)及曹逢甫(1996,2005)等认为话题一定是有定的那么绝对。从另一方面,这也可以印证 Li 和 Thompson(1976)以及刘丹青(2002)等学者认为名词性短语的位置影响指称义的观点。在话题位置上,名词性成分的指称包括有定的和类指的两种状态,而类指成分也表现出较为强烈的有定倾向,有定信息则可以进而细分为更多细类别。

3.2.2 三类话题结构比较

按照 Gregory 和 Michaelis(2001)的研究,在话题信息认知状态方面,左偏置结构与话题化结构的表现有所差异,话题化结构的话题要比左偏置结构的话题具备更强烈的已知性。对于三种类型的话题结构的话题信息状态,本书也分别进行了统计,以观察它们在这方面是否有所区别。如第 2 章所述,话题链在构成形式上存在多种情况,有时各不同类型话题结构会共享一个话题形成话题链,而这一节要探讨的是三类话题结构各自的特点,因而本节的统计将话题链排除在外。同样,将谓词成分做话题的小句也排除在外。图 3.5 呈现的是除话题链、谓词成分担当话题的小句之外的 578 个话题结构小句的统计结果。

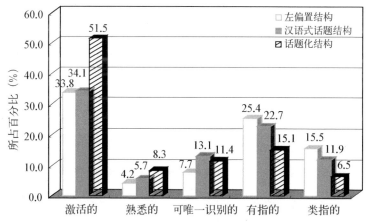

图 3.5 三类话题结构话题信息认知状态

图 3.5 的横轴上依次排列的是已知性等级中除"焦点的"状态之外的其他各种信息认知状态,最靠近轴中心的是活跃程度最高、已知性等级最高的"激活的"状态,而最靠近轴末端的则是活跃程度最低、已知性等级最低的"类指的"状态。从图 3.5 可以看出三类话题结构各自在已知性等级上的分布情况。比较突出的是左偏置结构与话题化结构,这两类结构在信息状态上的分布趋势似乎刚好相反,在已知性等级较高的前三种状态中,话题化结构的分布比例要高于左偏置结构,而在等级较低的后两种状态中,左偏置结

构的分布比例要高于话题化结构。汉语式话题结构的分布趋势则刚好处于前两者之间。笔者对左偏置结构与话题化结构的分布进行了 Wilcoxon 检验,结果为它们之间存在着显著性差异($Z=-2.665, p=0.008<0.01$),Z 值指向的方向是左偏置结构的话题信息认知状态分布倾向于已知性程度较低的类别,而话题化结构的话题则倾向于已知性程度较高的类别。笔者同样也对话题化结构与汉语式话题结构的分布进行了 Wilcoxon 检验,检验结果为它们之间也存在显著性差异($Z=-3.191, p=0.001<0.01$),Z 值指向的方向为汉语式话题结构的话题信息状态分布倾向于已知性程度较低的类别,而话题化结构的话题分布则倾向于已知性程度较高的类别。左偏置结构与汉语式话题结构之间的差异则不具有显著性($Z=-0.296, p=0.768>0.05$)。

从以上的统计可以得出,在信息认知状态方面,话题化结构的话题已知性程度最高,汉语式话题结构与左偏置结构的话题已知性程度则相对较低。从图 3.5 看左偏置结构的话题已知性程度似乎低于汉语式话题结构的话题已知性程度,但是两者之间无显著差异。

笔者除了对三类话题结构的话题信息认知状态进行统计之外,还希望对话题信息的来源进行更深入的了解。笔者统计了这几类话题结构话题成分在先前会话中的回指状态,希望回指状态与信息认知状态的统计结果可以相互支撑。

图 3.6 呈现了三类话题结构中话题有回指、无回指以及处于混合状态的情况。在此,我们用"混合"状态指复合形式的话题,其中部分为上文语篇中有回指的,而部分则无回指,无论是哪部分在前,都统一用"混合"来标识。统计结果显示,话题化结构中的话题能在上文中找到回指的比例最高,共 198 例,占 65.8%;而汉语式

话题结构中的话题能在上文中找到回指的比例最低,共 83 例,占 53.9%;左偏置结构的情况介于上述两者之间。笔者对有/无回指的数据做了两两之间的卡方检验,左偏置结构与话题化结构及汉语式话题结构之间均没有显著的差异,话题化结构与汉语式话题结构具有显著差异($\chi^2=6.288, df=1, p=0.012<0.05$)。

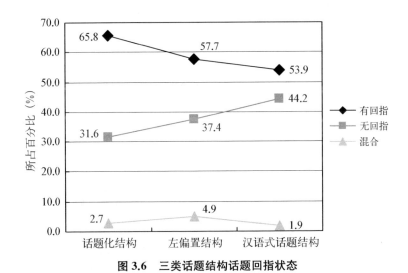

图 3.6　三类话题结构话题回指状态

根据图 3.5 的结果以及统计检验的结果,话题化结构的话题信息已知性程度最高,而左偏置结构与汉语式话题结构的话题信息已知性程度相较偏低。从图 3.6 来看,可以将回指状态的统计理解为:话题化结构的话题与上文联系最密切,而最不密切的是汉语式话题结构,左偏置结构居中。结合图 3.5 与图 3.6 来看,似乎两个统计之间的排列结果并不十分一致。但是,上文已经论述过,在考察话题的信息状态时需要参考 Prince(1981)的熟悉度量表,将话题信息的来源也考虑进去,例如,激活的信息有两种激活来源,语篇信息以及会话情景信息,而图 3.6 中统计的回指状态只关注语篇信息这一部分。由于来源于语篇与情景的信息大多分布在已知性等级最高的"激活的"信息类别,在此笔者就以这一信息类别为例做一个更细化的分析。笔者仔细统计了这一类别中的信息来源,将其分为三类:语篇信息、情景信息以及混合信息。设置"混合信息"是因为有的话题为复合式结构,部分来源为语篇信息/情景信息,部分为其他类信息,或者是语篇信息叠加情景信息,统一标识为混合信息,不再另作分解。统计结果可见图3.7。

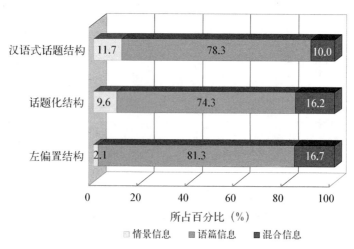

图 3.7 "激活的"话题信息来源

如图3.7所示,在已知性等级程度最高的类别"激活的"话题中,汉语式话题结构中的话题由会话情景激活的比例最高,共7例,占总计60例的11.7%,而左偏置结构中话题来源为情景信息的比例最低,只有1例,占总计48例的2.1%。因为三类话题结构中来源于情景信息的激活话题数量太少,笔者没有用统计检验测算它们之间是否有显著性差异。将图3.6有关回指状态的统计结果与图3.7有关激活信息来源的统计结果相结合,笔者认为,虽然汉语式话题结构中的话题与语篇上文的联系不如左偏置结构的话题那么紧密，回指比例略低，但是由于情景信息所作的贡献，图3.5中汉语式话题结构的话题已知性程度略高于左偏置结构完全成立。

综上所述，在话题信息状态方面，笔者的结论是话题化结构的话题已知性程度最高，与语篇上文的联系也最紧密，左偏置结构的话题已知性程度相较偏低，而汉语式话题结构的话题居中。三类话题结构话题的识解都在一定程度上依赖于会话情景信息的支撑。

3.2.3　信息认知状态对应话题表现形式

已知性等级理论参考的是话语的语言表达形式。上文图3.2给出了Gundel et al.(1993)认为已知性等级各不同信息认知状态在现代汉语中对应的形式。其实这一观点不够全面。例如，同样的指称形式很有可能表达不同的信息状态。此外，笔者在实际语料的整理与统计过程中还将语境因素也考虑在内，所以预测本研究中整理出的各类别话题信息认知状态，其对应的表现形式会比图3.2中列出的要丰富得多。因此，笔者也对话题在各不同状态下的形式进行了归类与整理。

笔者统计的对象与3.2.1小节统计话题信息认知状态分布的对象相同，共640个小句与话题链句子。笔者参考了陈平(1987a)的研究，他将现代汉语中名词性成分的形式归并为以下七组："人称代词""专有名词""'这/那'＋(量词)＋名词""光杆普通名词""数词＋(量词)＋名词""'一'＋(量词)＋名词""量词＋名词"。在梳理了本研究会话语料中的话题之后，笔者发现语料中话题的表现形式似乎更为丰富，因此做了一些修改与补充。在陈平(1987a)

提出的七组形式的基础上,笔者添加了几组表现形式,而对于"'这/那'+(量词)+名词"这一组表现形式,则将其拆开分为两组,理由是 Gundel et al.(1993)提出的已知性等级理论中,"this""that"以及现代汉语中的"这""那"是做分开考虑的。为了尽量忠实于理论,笔者也对其做分开处理,并做了些许改动。因此,笔者对话题的表现形式总体上归为以下十六组:

人称代词	光杆名词	"的"字结构	量词+名词
专有名词	数词+(量词)+名词	全量成分+名词	修饰定语+名词
这+(数词)+(量词)+名词	"一"+(量词)+名词	存在量成分+名词	领属定语+名词
那+(数词)+(量词)+名词	这	那	多个光杆名词叠加

将各不同类型的信息认知状态分别加以统计,笔者发现在真实话语中,话题的表现形式非常丰富,有的话题是上述的十六组形式中的某一种,而有的则是上述形式的两组甚至几组组合而成的。笔者都将其一一记录,然后统计出各信息状态类别中各种话题表现形式所占的比例。

表 3.1 所列的是语料中在话题位置出现频率排在前十的表现形式,按照频率从高到低依次自上而下排列,频率百分比之总和达到了 87.1%。在表 3.2 中,按频率从高到低,列出了对应各信息认知状态排位前五的表现形式。对应各信息状态排在前五位的表现形式所占的比例之和都达到了 70% 以上,而之后往往会有几组形式出现频率相同且频率都较低,因而表 3.2 只呈现了排位前五的

形式。而对应"类指的"状态则呈现了排名前四位的形式,原因与上相同。

表 3.1 话题表现形式总况

话题表现形式	频 率
这+(数词)+(量词)+名词	18.3%
光杆名词	17.3%
修饰定语+名词	13.3%
领属定语+名词	9.8%
专有名词	8.9%
那+(数词)+(量词)+名词	6.9%
人称代词	5.2%
"一"+(量词)+名词	2.7%
数词+(量词)+名词	2.5%
"的"字结构	2.2%
合　计	87.1%

表 3.2 信息认知状态对应高频话题表现形式

信息认知状态	话题表现形式	所占比例
激活的	这+(数词)+(量词)+名词	27.2%
	专有名词	13.9%
	光杆名词	12.0%
	人称代词	10.7%
	领属定语+名词	9.1%
	合　计	72.9%

续表

信息认知状态	话题表现形式	所占比例
熟悉的	专有名词	29.5%
	修饰定语+名词	15.9%
	光杆名词	11.4%
	"的"字结构	9.1%
	这+(数词)+(量词)+名词	6.8%
	合　计	72.7%
可唯一识别的	领属定语+名词	21.1%
	修饰定语+名词	19.7%
	光杆名词	14.5%
	那+(数词)+(量词)+名词	13.2%
	这+(数词)+(量词)+名词	10.5%
	合　计	79.0%
有指的	修饰定语+名词	22.6%
	光杆名词	19.7%
	这+(数词)+(量词)+名词	12.4%
	领属定语+名词	11.7%
	那+(数词)+(量词)+名词	9.5%
	合　计	75.9%
类指的	光杆名词	41.9%
	修饰定语+名词	20.3%
	"一"+(量词)+名词	8.1%
	这+(数词)+(量词)+名词	6.8%
	合　计	77.1%

表3.2中所列各信息状态对应的话题形式显然要比图3.2丰富得多，同时也证实了我们之前的观点，同一表现形式可以对应不同的信息认知状态。如光杆名词几乎在有的信息认知状态中都列在前五，这与LaPolla(1995：305)的观点是一致的。本书语料中"光杆名词"以及"这＋(数词)＋(量词)＋名词"这两组形式显得最为活跃，任何信息状态的话题都可以由这两组形式来表示，且这两组形式与各种信息状态对应时出现的频率都较高。

但是，这只反映了话题形式与信息状态对应的一个方面。如表3.1所示，"这＋(数词)＋(量词)＋名词"这一形式是语料中话题位置出现频率最高的形式，共有117个话题是以此形式出现的，而以"'的'字结构"出现的话题则只有14个。因为各组名词短语表现形式间基数的差别很大，很难根据表3.2判断各组语言表现形式的分布趋势。以"这＋(数词)＋(量词)＋名词"与"人称代词"为例，假如只关注表3.2中"激活的"信息一栏的情况，"这＋(数词)＋(量词)＋名词"比"人称代词"出现频率更高，那么是否可以得出结论"这＋(数词)＋(量词)＋名词"比"人称代词"更倾向于成为"激活的"话题信息的表现形式呢？不是这样的，因为"这＋(数词)＋(量词)＋名词"在这一栏排位最高，只是因为它的总体基数更大，而它同时还出现在对应其他信息状态的栏目中。反观"人称代词"，虽然因为它基数小，在对应"激活的"话题信息表现形式中仅排位第四，但如果观察它的整体表现，会发现所有的"人称代词"表达的都是"激活的"话题信息，在其他信息状态对应的表现形式中，它的出现频率全部为零。这说明，当"人称代词"出现在话题位置时，它表达的都是"激活的"信息，而"这＋(数词)＋(量词)＋名词"则没有呈现出这样的倾向。有鉴于此，笔者对表3.1中的各组话题表现形式分别做了分布统计,但稍稍做了调整,因为"'一'+(量词)+名词""数词+(量词)+名词""'的'字结构"三组形式的话题总数过少,都不到30个,所以在表中将其略去。统计结果如表3.3所示。

表3.3 话题表现形式对应信息认知状态分布情况

	激活的	熟悉的	可唯一识别的	有指的	类指的
这+(数词)+(量词)+名词	71.8%	2.6%	6.8%	14.5%	4.3%
光杆名词	33.3%	4.5%	9.9%	24.3%	27.9%
修饰定语+名词	20.0%	8.2%	17.6%	36.5%	17.6%
领属定语+名词	44.4%	3.2%	25.4%	25.4%	1.6%
专有名词	75.4%	22.8%	1.8%	0.0%	0.0%
那+(数词)+(量词)+名词	36.4%	4.5%	22.7%	29.5%	6.8%
人称代词	100.0%	0.0%	0.0%	0.0%	0.0%

注:因百分比精确到小数点后一位进行四舍五入,所以有几行百分比相加之和并非100%。

根据表3.3中的数据来观察各组表现形式的分布态势。假如将信息的已知性程度视为一个连续统,这十组表现形式中最具特点的是之前已经提到的"人称代词",与"激活的"信息状态表现出了绝对的对应,凡是"人称代词"形式的话题全部都是"激活的"信息,已知性等级最高。"专有名词"的分布态势也特点鲜明,绝大多数对应"激活的"和"熟悉的"信息状态,只有个别对应的是"可唯一识别的"信息状态,说明"专有名词"做话题时信息的已知性程度也很高。

"光杆名词"的分布特点则是在已知性等级两端高,中间低,既可以表达"激活的"信息,也可以表达"有指的"以及"类指的"信息。这与其他学者的研究发现是十分吻合的。例如,LaPolla(1995:305)认为现代汉语光杆名词可表达任何状态信息;王秀卿和王广成(2008)认为光杆名词可以有指个体与指非个体(即类指)两种解释;董秀芳(2010)从历时的角度研究认为,表达类指与定指是光杆名词的本质功能。在本研究的语料中,光杆名词也的确在类指的一端与已知程度最高的另一端都有分布。

"这+(数词)+(量词)+名词"以及"那+(数词)+(量词)+名词"这两组形式在对应信息认知状态的分布态势上的确有着不同表现。首先,两者在语料中担当话题的频率差别较大,前者共有117例,为所有形式中出现频率最高的,后者只有44例,出现频率为6.9%。其次,"这+(数词)+(量词)+名词"对应各信息状态的分布态势表现出了已知性程度较高的倾向,有71.8%这一形式的话题对应"激活的"信息,而"那+(数词)+(量词)+名词"的分布则较为平均,与各信息状态都有所对应。

虽然"'一'+(量词)+名词"因总数不到30个而未列入表3.3,但因为它的分布态势比较出乎意料,笔者希望在此有所提及。大多数前人的研究都认为这一形式是类指的标记,语料中也的确有表类指的"'一'+(量词)+名词",但事实上这一形式却在各种信息状态下都有分布。笔者分析原因如下:首先,如3.2.1小节中所论述的,类指的形式做话题时,在具体语境中的解读带有较强的有定倾向。其次,在重新梳理语料中这一形式的话题时,笔者发现这一形式的话题之后常常会有补充说明,而这类补充说明会消除其类指的意义,使话题得以处于已知性程度较高的信息认知状态。因为本研究的语料中"'一'+(量词)+名词"形式的话题数量过少，在此基础上观察其对应的信息状态分布恐怕无法对其特征做完整的呈现，还需要后续研究对更多语料进行观察。但是这一形式在话题位置上的低频次表达，也从另一个侧面反映了话题的强烈有定倾向。

根据以上的分析，将表 3.2 与表 3.3 结合起来考虑，笔者认为将已知性程度表达为连续统比严格对应的方式更符合实际。因此，笔者基于上述表格中各组话题表现形式的信息状态统计，概括了一个已知性程度连续统，具体可见图 3.8。这可以视为是对已知性等级在现代汉语中应用的调整与丰富。笔者在图 3.8 中将已知性程度大致分为高、中、低三个版块，然后按照语料统计情况将表 3.1 中的十组话题表现形式置入相应版块。

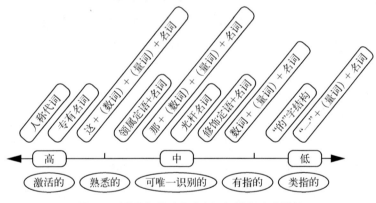

图 3.8　话题表现形式对应已知性程度连续统

需要说明的是，图 3.8 中的排列并不是绝对的，只是按照本书的语料情况而估计的倾向性的观点，各组表现形式在具体小句中会表现出不同的状态。此外，笔者推测的基础本身具有局限性，只是对话题位置的名词性成分各不同表现形式的估计，假如这些不同形式处于小句中的其他位置，它们体现出的已知性程度可能也会有所不同。

3.3 话题接续

3.3.1 话题接续状态

笔者对话题信息特征的总结，主要依据是话题本身的表达形式及上文与情景语境的支撑。了解话题结构在会话中的信息特征，不可忽视的另一个方面是话题信息在后续会话中的接续状态。笔者将话题信息接续状态分为有接续与无接续两种状态，并对三类话题结构分别进行了统计。为了在统计后使信息接续状态与前文的信息认知状态有所联系，同样将谓词成分做话题的话题结构小句及话题链排除在外，以便在观察对象上取得一致性。因此，我们统计的对象是 640 个话题结构小句与话题链句子，与 3.2.1 小节中涉及的统计对象相同。

笔者在定义话题接续的情况时，不仅仅记录话题是否得以重复，而是将零形式回指话题、语言形式回指话题、同义形式表述以及对话题进行具体阐述等这些情况都包括在接续的范围之内。同时，不仅仅记录话题在紧随的小句中得以接续的情况，还将长距离之后（如超过 20 个小句以上）重新引入该话题信息也包括在话题接续的范围之内。因此，笔者所记录的话题接续的情况基本上可以视为话题信息对当前会话的信息贡献。在 640 个话题结构小句与话题链句子中，话题信息在后续的会话中得到接续的为 381 个小句与话题链，占 59.5%，而没有得到接续的为 259 个小句与话题链，占 40.5%。

笔者对左偏置结构、话题化结构以及汉语式话题结构这三类

话题结构也分别进行了统计,结果如表 3.4 所示:

表 3.4 三类话题结构话题接续状态

	左偏置结构	话题化结构	汉语式话题结构
无接续	40 (32.5%)	123 (40.9%)	77 (50.0%)
有接续	83 (67.5%)	178 (59.1%)	77 (50.0%)
合计	123	301	154

笔者对三类话题结构有/无接续的数据进行了卡方检验,检验的结果是左偏置结构与汉语式话题结构之间存在显著差异($\chi^2=7.862, df=1, p=0.005<0.01$),话题化结构的情况居于两者之间,且与两者均无显著差异。根据这样的统计结果,笔者倾向于认为左偏置结构的话题在后续的会话中得以接续的比例最高,也就是说,这类结构的话题在后续的会话中得以讨论的比例最高,对后文会话在信息传递方面的贡献也最大。汉语式话题结构的话题则相比而言在后续得以讨论的比例最低,在会话信息的贡献限于局部的话语。话题化结构则居于两者之间。

3.3.2 话题接续表现形式

关于话题在会话中得以接续的表现形式,笔者也进行了整理。有的话题在后续的会话中反复出现,且以不同形式出现,为统一处理,笔者记录的是话题在后续的会话中第一次信息重现时所使用的形式。在 381 个话题信息得到接续的话题结构小句与话题链句子中,话题以零形式再现于后文会话的一共有 26 例,其中 14 例出现在主语位置,其余出现在宾语位置。指称语的形式可以反映其所指信息在语篇中的活跃度,或者说已知性程度。通常当说话人认为听话人意识中某信息的已知性程度高时,会倾向于使用较少语言材料构成的指称语进行指称,暗示活跃信息的默认选择。(Ariel,1990:16)在现代汉语中,无语言形式以及语音表现的零形式往往指向最为活跃的信息。那么,在话题结构之后说话人用零形式来回指小句的话题,说明该信息在经由话题结构凸显之后,成为之后会话中的活跃信息,听话人对其进行识解时付出的认知努力较小。

对于用语言形式来重现话题信息的情况,笔者整理后形成了表3.5。在表3.5中,笔者并没有像上文3.2.3小节一样将回指的表现形式分为多种细类别,只是将回指话题的表现形式大致上分为代词、专有名词、指示词/短语以及名词短语四类,其中名词短语这一类别包含了3.2.3小节中的光杆名词及各种短语形式。同时,笔者还观察了它们在小句中承担的角色。上文第2章论述过,笔者并不认为话题是一种句法成分,而是一种语用成分。笔者仍然采用上文的方法,将话题视为是有标记的话题,而主语是无标记的话题。因此,表3.5中的表述方式并不意味着话题与主语、宾语及其他一样属于句法成分并占据句法位置。

表3.5列出的只代表了话题得以接续的381例情况中的74.3%,除了表中列出的以及以零形式回指话题的情况之外,还有70例左右的话题接续表现形式较为复杂多样。其中,有47例的情况是后文并不以某语言形式直接回指话题,而是对话题的信息进行了具体的解释或阐述,同时对其进行了细化或丰富。这类情况往往是由一个或多个小句进行说明,作为对话题信息的延续与扩展。有的情况是话题信息以成语或同义短语形式重现,但又不形成小句,体现了会话较为灵活的特性。还有些情况则是话题的

形式发生了改变,由名词短语转变为了动词、形容词的形式等,因而没有归入表3.5的各种类型。最后还有些个例则是说话人对话题进行重复,作为会话修正的一种方式,我们也未将其列入表中。

表 3.5　话题接续形式(单位:例)

	话题	主语	宾语	定语	状语	合　计
代词	0	90	20	13	0	123(43.5%)
专有名词	2	6	2	2	0	12(4.2%)
指示词/短语	5	11	11	0	4	31(11.0%)
名词短语	25	35	41	11	5	117(41.3%)
合计	32	142	74	26	9	283(100%)

上一节我们经过分析认为,"代词""专有名词"以及"这+(数词)+(量词)+名词"的形式是对应已知性级别较高信息认知状态的表达形式。因为"那+(数词)+(量词)+名词"的出现频率低,笔者为方便统计将其与"这+(数词)+(量词)+名词"综合在一起,用"指示词/短语"的类别来表示。共计31例以此类形式接续的话题信息,只有4例是"那+(数词)+(量词)+名词",其余27例都是"这+(数词)+(量词)+名词"。上文的论述中笔者认为这两种形式在对应信息的已知性程度上是有区别的,后者高于前者。在话题结构将话题信息凸显了之后,该信息已经是活跃的了,对其进行回指时选用对应已知性程度高的表达方式也符合常理。上一节提到的其他表达形式笔者统一用"名词短语"来表示,包括光杆名词及其他类型。从表3.5所示情况来看,后续会话回指话题的语言形式中代词与名词短语所占比例较为接近。但是如果将前三类综合来看,对应已知性程度高的表现形式占了话题接续形式的

58.3%,要高于名词短语的百分比。

从话题接续后在会话小句中承担的角色来看,最常见的情况是话题接续信息承担小句主语的角色,共 142 例,占了表中所列情况的 50.2%。其中以名词短语的形式表现的仅为 35 例,占 24.6%,其余的 75.4%为已知性程度更高的表现形式。话题接续信息成为小句宾语的为 74 例,与做主语的情况不同,在宾语位置的话题接续信息,55.4%是以名词短语的形式出现的。话题接续信息在承担主语和宾语角色时表现形式上的差异达到了显著水平($\chi^2=18.854, df=1, p=0<0.01$)。既然都是话题结构已经凸显的信息,在会话中应该都是已知的状态,且都得到会话语境的激活,为何在不同的位置上的表现形式会有这样的区别呢?笔者认为这是符合小句的信息结构特征的,Halliday(1967:204)与 Lambrecht(1994:207)都认为通常宾语位置是提供更多知识内容的部分,即使这一知识内容可能在话语中已经出现过,是已知性程度高的信息,但是因为它为话题或主语增添知识,从语用的角度来看是不可回溯的。因此,虽然话题的信息在话题结构中得到过凸显,在后文接续时由于所承担角色的不同,表现形式上会有较大的差异。

话题信息在后续会话中再次担任话题的情况也有,共有 32 例,所占比例不高,且表现形式也以名词短语居多,这与我们的预想有些不同。我们预想,通过话题结构凸显的话题信息,因为已经在会话中激活,如果再次成为话题,那么它的表现形式应该也比之前形式所对应的已知性等级更高。因此我们对话题接续再次成为话题的 32 例逐个重新进行了分析,发现这些小句中名词短语做话题的情况大致可以归总为以下两个原因:

首先,可以观察到的一个趋势是,话题信息接续成为主语的时候，接续该信息的小句往往紧跟着话题结构小句，而话题信息再次成为话题得以接续的时候，新的话题结构小句与先前的话题结构小句距离较远。其中有 9 例话题信息在后文重新成为话题时，与先前的话题结构小句间隔超过 20 个小句以上，中间跨过多个话轮，也就是 3.3.1 小节提到的长距离之后重新引入该信息成为话题。因此虽然该信息在会话语境中已经得到过激活，由于其间已有较多其他信息的干扰，会有其他的名词性成分参与到话语中来，而这些名词性成分都成了竞争者。因此，在跨过多个话轮之后，说话人希望重新回到先前的议题，会以对应已知性程度偏低的形式重新将信息引入并确立为话题。

其次，有一些小句在紧随话题结构小句之后就将话题信息再次作为话题接续，大多数情况都是在参与会话的一方说完这个话题结构小句之后，会话的另一方立刻对该小句进行了重复或者同义的重复，表达应和、互动或者提出疑问。在这种情况下，往往重复的这一方不改变这一小句的结构形式甚至语汇选择，而是顺势借用对方的语言形式，因而话题以原来的形式重复出现。这种例子也不在少数，其中汉语式话题结构中的领格式话题结构占了绝大多数。

对于话题接续时的不同语言表现形式，使用代词这类简单的形式说明话题信息在后续的会话中表现活跃，成为会话谈论的中心议题的可能性高。而使用名词短语这类相比较偏复杂的形式的话，则说明话题信息在后续的会话中的活跃度低，成为谈论的中心议题可能性低。当然这并不是绝对的情况，而是一种倾向性的可能，并且与 Ariel(1990) 的可及性理论比较相符。因此，我们对三类话题结构的话题接续的表现形式分别作了记录，详见图 3.9。因为专有名词、指示词/短语及其他形式出现次数较少，我们将其包括在名词短语这一栏中,在进行比较时只比较了代词与名词短语的出现频率。

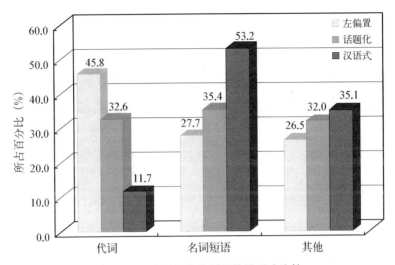

图 3.9 三类话题结构话题接续形式比较

从图 3.9 可以看出,左偏置结构的话题信息接续以代词形式呈现的比例最高,以名词短语形式呈现的比例在三种话题结构中最低。汉语式话题结构则刚好相反,有一半以上的话题在接续时以名词短语的形式呈现,而以代词形式呈现的比例为三种话题结构中最低。话题化结构的情况则居于两者之间。三类话题结构的话题接续形式分布情况中,左偏置结构与话题化结构之间不存在显著性差异($Z=-1.109, p=0.268>0.05$),而汉语式话题结构则与其他两者都具有显著性差异(左偏置:$Z=-5.517, p=0<0.01$;话题化:$Z=-6.415, p=0<0.01$)。

因此,笔者认为左偏置结构与话题化结构的话题在后续的会话中得到接续时信息活跃度高,成为会话议题的可能性更大,而与此相较,汉语式话题结构的话题则在后续会话中活跃度低,成为会话议题的可能性小。

3.4 本章小结

本章将已知性等级理论与熟悉度量表理论相结合，取长补短，对话题结构在会话中的信息特征进行了探讨，包括对话题的信息状态以及接续状态两个方面的观察。对话题信息状态的分析同时兼顾了话题的表现形式以及话题与语篇语境和情景语境的联系，而对话题接续的分析也包括了对接续状态和接续形式两方面的观察。

与前人的研究中对信息切分做经验式的推理不同，笔者的观察是基于对会话语料的统计而得出的。同时，针对话题的信息状态，划分了不同的等级类别。统计结果显示，总体而言，话题结构中话题大多处于已知性程度较高的信息认知状态，有将近半数的话题处于"激活的"信息认知状态，其中由语篇激活的为多数，少部分为情景语境激活。此外，话题结构中话题成分具有强烈的有定倾向，即便是处于"类指的"状态的话题，在语境的支撑下，也体现出了有定的倾向。三类话题结构在话题的信息认知状态上的表现有所差异，其中话题化结构的话题信息与会话前文联系最紧密，已知性程度最高。相较而言，左偏置结构与汉语式话题结构的话题信息已知性程度偏低，将新内容引入会话的频率相较更高，这与后文对话题结构的话语功能研究密切相关。

此外，在研究话题的信息认知状态时，同时关注了相应的话题表达形式。笔者认为，已知性等级理论中，有关信息认知状态与语言表达形式之间的严格对应关系并不符合语言使用的实际。因为语境的影响，同样的表达形式可能会对应不同的状态。因此，基于对话题信息认知状态与表达形式之间关系的统计与总结,笔者放弃了已知性等级中严格对应的方式,而是用已知性程度从高到低的连续统模式对其进行了修正。

根据语料的统计,有将近60%的话题结构的话题信息在后续的会话中得以接续,接续的形式虽然多样,但代词与名词短语这两种表现形式占据较大比例。三类话题结构在话题接续的状态以及形式上也表现出了差异。左偏置结构的话题信息在后续会话中接续的频率最高,并且以简单的语言形式(如代词)表现的频率也最高,说明左偏置结构的话题成为后续会话的中心议题的频率高。汉语式话题结构的话题不但在前文会话中的回指性弱,在三类话题结构中与会话上文联系最不紧密,同时在下文中得以接续的比例也最低,话题信息在后续会话中成为中心议题的可能性最小。这说明汉语式话题结构对会话信息的贡献有局部性的特征,从长时角度来看,对会话信息贡献较小。话题化结构在话题接续方面的表现则介于上述两者之间。

| 第 4 章 |

话题结构的话语功能

本章将讨论各类话题结构的话语功能。与上一章注重信息结构观察有所不同,本章更多的是采用话语的视角,从会话参与者的互动中观察话题结构所处的会话话步,并考虑其在会话过程中对话语内容的贡献。以结构与内容两方面观察为基础,对话题结构的话语功能进行梳理,并将这些话语功能进行合理的分类。

4.1 相关研究

上一章从信息结构的角度对话题结构的特征进行刻画,除此之外,对话题结构的话语功能进行整理也是本书的研究目标之一。很多学者在对英语中的话题结构进行研究时,主要关注的都是前置的话题成分与前后话语之间的联系,使用的是"指称连贯"的视角。其中比较有影响力的是 Givón(1993)的研究。Givón(1993: 204)提出了衡量指称距离的方式,用计算话题与前文所指实体之间的距离的方法来测算话题指称的可及程度。同时,他还通过计算话题在随后的话语中出现的次数来判断话题在话语中的重要程度。后来有不少研究者都效仿 Givón 的方法,比如 Geluykens(1992)、Gregory 和 Michaelis(2001)等。这些研究有些共同的发现,例如,他们都从各自的语料中发现,大多数左偏置结构的话题部分是话语中的新信息,因此他们的结论是这类结构的一个基本功能是引入所指,或称确立议题;与此不同的是,话题化结构的话题部分大多是话语中已给的信息,并且话题信息在之后的话语中不延续,因而话题化结构不具备左偏置结构的确立话题的功能。(Geluykens,1993;Gregory & Michaelis,2001)对于那些话题部分并非新信息的左偏置结构,Geluykens(1992:153)认为它们也同样是为了强调话题,将话题凸显,因而与确立议题的左偏置结构具有相似的作用。

然而,这样的观察是不全面的。Lambrecht(1994:183)认为对于那些句首话题已经处于活跃状态的左偏置结构,它们的功能在于将会话参与者的关注点从先前的内容转移到其他同处于活跃状态的内容上来,他还认为代词处于话题位置的左偏置结构常常具有对比功能。

以上介绍的几位学者在研究话题结构的功能时,都是从话题的指称信息状态出发进行探讨,实际上这与上一章的阐述较为接近,并没有真正关注话题结构在话语内容及结构等方面体现的功能。本章将更多地从话语的结构与内容出发,从语用的角度来探讨话题结构的话语功能。首先介绍在这方面较有影响力的 Prince(1997)的研究以及 Netz 和 Kuzar(2007)的研究。

4.1.1　Prince 的研究

Prince(1997)认为英语中的左偏置结构(LD)与话题化结构

(TOP)在话语功能上是不同的,虽然彼此间可能会有重合的地方。很多学者认为左偏置结构的功能在于确立话题,而 Prince(1997)则认为左偏置结构的功能并不是如此单一,她认为左偏置结构具有三种不同的功能。首先,依据 Chafe 的轻主语理论(1987)以及 Lambrecht 的指称与角色分离原则(1994),小句的主语位置是不适合引入先前话语中并未出现的新实体的,因而人们有必要在主语位置之外寻求合适的位置引入新实体,以减少听话人在处理小句时需要付出的认知努力。(Prince,1997)左偏置结构的话题位置正是实现这一目的的理想位置,在话题位置引入新实体后,述题主语位置出现回指话题的成分,听话人能轻松地进行识解。因此,Prince(1997:124)提出的左偏置的第一类功能是简化话语引入新实体的过程。左偏置结构的第二种功能是标识话题部分的所指与之前话语中的某一内容具有某种偏序集关系(poset relation),也就是说,话题部分的所指与先前话语的某一内容也许是部分/整体关系,或类别/次类别关系,或平等关系等。Prince(1997:124)认为左偏置结构的第三种功能较为少见,其由句法限制引发,主要作用是为了不违反长距离指称的一些句法上的限制,因而也有学者认为这是一种话题化结构的"显性"形式,即在话题化结构的空位上加上回指词来避免句法上的难题。Prince(1997)认为左偏置结构的这三种功能并不同时存在,因而她将这类结构由此分成了三个次类。

对于话题化结构,Prince(1997:128-132)也总结了两种功能。第一项功能与左偏置结构的第二种功能相同,也就是话题位置的成分能够让听话人推断它与之前话语中已经唤起的某实体同属偏序集;话题化结构的第二项功能则与左偏置结构的功能并不相似,它可以标识在听话人听到话语的当下已经存在在意识中的论断，即标识旧信息的功能。

Prince(1997)及其他学者的研究都偏重于区分左偏置结构与话题化结构的区别，而他们所谓的功能上的区别主要还是从信息传递及指称方式这一角度来体现的。笔者将通过对会话语料的分析来观察，根据话题结构表达的内容以及与上下文的关系来观察它们语用上的功能。笔者主要参考 Netz 和 Kuzar(2007)的研究方法来考虑话题结构的话语功能。

4.1.2 Netz 和 Kuzar 的研究

Netz 和 Kuzar(2007)认为只关注话题成分的回指与延续并不能充分地体现话题结构的功能。其他学者认为大多数左偏置结构的作用是引入所指确立议题，在他们看来这从根本上牺牲了对话题成分已经活跃的左偏置结构的观察。他们虽然在研究方法上比较倾向于 Prince(1997)，但也不完全同意她的看法。

Prince(1997)将左偏置结构与话题化结构的共同的功能描述为标识话题成分与先前话语中的某实体同属某一偏序集。Birner 和 Ward(1998)、Ward 和 Birner(2004)为偏序集关系作了更为详细的解释，认为其指的是某种部分有序的集合，是在实体间关系较为复杂的时候用以定义其特点的手段。他们同样也用偏序集这一概念来总结小句前置成分与之前话语成分之间的关系，区别是他们所关注的前置成分还包括状语、形容词短语及动词短语等。Birner 和 Ward(1998：45)、Ward 和 Birner(2004)及 Winkle(2015)认为话语中最常出现的偏序集关系包括集/子集、部分/整体、类/次类、多于/少于以及身份这五类。

对于 Prince(1997)、Birner 和 Ward(1998)、Ward 和 Birner(2004)主张的话题标识偏序集的观点,Netz 和 Kuzar(2007)认为描述关系的类别仍然无法说明话题结构的话语功能,因为偏序关系的辨识只能够说明话题成分如何与先前的话语相联系,却仍然无法解释为何它们之间具备这样的联系。其一,偏序关系使得我们可以辨识话题所指的个体身份特征,而话语功能却是对所指之间逻辑关系的考量,在这里逻辑关系指的是所指 A 与 B 之间存在相似的、相对的或者隶属的关系等。其二,偏序关系关注的是所指在话语中的来源,而逻辑关系则关心所指在当前话语中的状况。(Netz & Kuzar,2007:312)

笔者赞同 Netz 和 Kuzar(2007)的观点,确认话题成分所指属于什么偏序集并不能直接反映话题结构的话语功能,而探求话题所指与先前话语之前的存在的逻辑关系更能让我们了解话题结构对话语内容的贡献。

Netz 和 Kuzar(2007)从两个方面来观察话题结构的话语功能,他们主要是以语用的角度来审视问题,而并不关注信息状态方面的特征,而是更狭义角度上的"话语"功能。Kim(1995:268)提出在分析 WH 分裂句式的功能时,不能仅仅从信息结构的角度来解释它们表现出的多种用法,同样关键的是需要观察会话参与者将这类句式作为立场标记语在互动中的使用。Netz 和 Kuzar(2007)对这一观点表示赞同,并在自己的研究中将话语功能区分为两个维度:话语管理功能以及话语内容功能,分析话题结构在这两个维度上表现出的话语功能。

话语管理与会话的切分有关,根据 Chafe(1994:121)的观点,自然会话可以进行等级切分,大多数议题都可视为基本层级的单位,但可能会有更高层级的议题来统领这些基本层级的议题,而基本层级的话题也有可能会包含更低层级的议题单位。因而,会话参与者会利用一些话语手段来标识所说的话语在某一切分单位内或者新起一个切分单位。Netz 和 Kuzar(2007)认为有标记的话题结构可能会具备这方面的话语功能,他们在研究中使用了 Sinclair 和 Coulthard(1975)提出的"话步"的概念,参考了 Eggins 和 Slade(1997)的研究方法,将会话话步分为两种,一种是开启议题的起始话步,一种是维持议题的维持话步。

事实上,会话切分的依据往往是话语标记语,而非句法结构。但是,在测算话题回指及延续的基础上,学者们普遍认为话题结构具有引入所指以及确立议题的效用,Netz 和 Kuzar(2007)认为这一观点也可以间接地理解为话题结构对会话切分也起着作用,因此他们在研究中观察了左偏置结构与话题化结构(包括宾语前置结构以及主语凸显结构两个类别)在会话中所处的话步,以观察这两类结构的话语管理功能。他们观察的结果是在英语会话中,左偏置结构更倾向于出现在起始话步,而主语凸显的话题化结构则倾向于在维持话步出现,维持当前会话的议题,他们的语料中宾语前置的话题化结构则在话语管理方面似乎没有突出的特点,这可能和他们的语料中这类结构过少有关,这类结构在他们的语料中一共只有 6 例。(Netz & Kuzar,2007)

在话语内容方面,Netz 和 Kuzar(2007)从两个角度进行分析:逻辑与情态。他们认为会话参与者在发出话语时可能会建立所指之间的逻辑联系,或者表达对某个所指的态度。会话参与者意在表达对比、相似或者其他某些关系的时候,会将具有这类关系的所指置于相近的有标记话题位置,以此来表示所指之间存在的逻辑关系。在表达这样的逻辑关系时,携带有标记话题的小句与它邻近的小句之间相互关联,并形成具有某种逻辑关系的语用潜势。

除了逻辑关系之外,Netz 和 Kuzar(2007)还在语料中发现了一例表达情态的话题结构,他们认为这也是话题结构在话语内容方面所表现出的功能之一。他们研究所用的语料中,左偏置结构与两种话题化结构在话语内容方面都表现出了相似的功能。(Netz & Kuzar,2007)

　　本书将参照 Netz 和 Kuzar(2007)的研究分类框架,从话语结构与话语内容两个方面对话题结构的话语功能进行分析与归类。但是笔者会对这一分类框架做适当的修改。首先,Netz 和 Kuzar(2007)中"话语管理功能"具体指的是话题结构在话语结构切分方面的表现。但是笔者认为,"话语管理功能"这一术语实际上可以涵盖话语结构管理与话语内容管理两个方面,将其与"话语内容"相并列似乎不太合逻辑。因此,本书将弃用他们的"话语管理"这一术语,用"话语结构"与"话语内容"来标识观察话题结构话语功能的两个层面。

　　其次,Netz 和 Kuzar(2007)发现的那一例表达情态意义的话题结构小句,体现的实际上是说话人使用话题结构进行委婉表达,应该将其考虑为话题结构使用体现的语用策略与效果,而不是它在内容方面的功能。因此,本书对他们的研究分类框架进行了修改。在话语结构层面笔者同样对起始话步与维持话步进行了区分,观察话题结构在会话切分中的分布。在话语内容方面,笔者只对话题结构与会话其他小句间的逻辑关系进行整理,而对于 Netz 和 Kuzar(2007)提及的情态意义,则将其归属为说话人使用话题结构体现的语用策略,在下一章的相关小节中进行阐述。

　　为了有更直观的概念,笔者将本研究在话语功能方面的分类框架绘出,如图 4.1 所示:

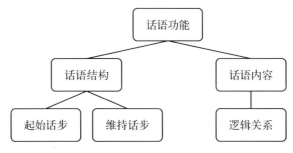

图 4.1　话语功能分类框架

基于现代汉语与英语的差别,笔者预测在现代汉语中左偏置结构与话题化结构在话语功能方面的表现未必会与 Netz 和 Kuzar(2007)研究中相应的话题结构相似,同时也会观察会话语料中汉语式话题的情况。

4.2　话语结构

4.2.1　起始话步与维持话步

本书参照 Netz 和 Kuzar(2007)的方法,同样将话语结构与会话的切分相联系,也尝试将会话话步分为起始话步与维持话步两个类别。在起始话步,说话人围绕某一议题开始谈话,往往表现出某种程度上控制言语互动的要求,即说话人希望以此获得发言权,或将会话引导到自己希望讨论的议题上来。与此不同的是,在维持话步,说话人继续对当前话语的议题的讨论,因而说话人并不表现出对会话互动的强烈控制,也并不试图转移当前会话的议题。(Eggins & Slade, 1997:194)根据这样的标准笔者对会话语料进行了梳理,对左偏置结构、话题化结构以及汉语式话题结构所处的会话话步进行了详细的记录。

下面从例 1 来了解处于起始话步与维持话步的话题结构小句:

（例1）

<sp2>：哦,那你你也是一个特别好的学校。

<sp1>：不不不不,啊对,学校很好,但是我成绩一般。

<sp2>：那我成绩就...应该说很差,因为我除了语文好,我的数学...从小到大就没有算明白过。

<sp1>：更坚定了我的信心了,因为我数学也很差。

<sp2>：是吗?

<sp1>：啊。

<sp2>：我觉得差的方面上你能够..跟我有一拼,我一定自信地说我比你差。

<sp1>：不,我觉得我比你差。

<sp2>：试举例说明。

<sp1>：呃...我数学...勉强能及格,但是我理化基本不及格。

<sp2>：我从小学一年级,算应用题的时候,经常算出来张大爷剥削了地主八百粮食。

<sp1>：@@@@@

<sp2>：就是我不仅犯数学错误还犯政治错误。

<sp1>：那你赢了。

<sp2>：我肯定比你赢了,这一点我很骄傲,我从来没算明白过。

→<sp1>：呵呵呵,所以我们说<u>每个人的人生哈</u>,它会有几个关键的那个点,这个点一到,可能人会有一些变化。于丹会说.<u>自己可能最关键的一个点....在四中发生的</u>,在那儿,就人生一下子豁然开朗了。

第4章 话题结构的话语功能

<sp3>：北京市第四中学创建于1907年,而到今年恰巧是建校100周年,走进学校,如今的校园早已发生了翻天覆地的变化。满园寻望也只能从保留下来的老校门、老校长室里感觉到四中那悠久的历史气息。

(省)

(U7)

例1取自会话语料U7。在所取片段的上文,两位会话参与者在交流自己在中学时期的经历,比如在何处念的中学等。例1的前面几个话轮,会话双方在谈论各自擅长的科目,会话的议题主要为成绩的比较。在箭头所指的话轮中,说话人没有再继续这一议题,而是将其转到会话另一方人生的"关键点"上来,继而在之后的会话中回顾了四中的历史与现状、对方在四中的学习经历及其对人生的影响。箭头所指的话轮可视为会话中的一个转折,在此说话人结束了对前一阶段会话议题的讨论,并开启了新的会话议题。因此,笔者将其视为确立新议题的起始话步,下画线标识的两个话题结构小句位于这个起始话步,其中第一个小句为左偏置结构,第二个小句为话题化结构。

再请看下面的例2:

(例2)

<sp1>：如果说在西交利物浦大学,我们要找钱的话你会有什么好的办法吗?

<sp2>：我们是.通过.这个学费,我集我们要去筹集很多资金哪,

<sp1>：(0)嗯。
<sp2>：因为我们也.政府不给我们拨一分款。
<sp1>：学费是不是就可以解决很多的问题了？
→<sp2>：那<u>我们学费呢是比较高的啦</u>,我们的学费是相当于人民大学的.快十倍了,
<sp1>：(0)嗯。
<sp2>：所以.当然我们的教师.也是人民大学的可能十倍。我们把钱都用在.我现在经费的百分之七十是用在教师身上。

(U9)

例2取自会话语料U9。在该例中,会话参与双方谈论的议题为大学通过学费筹集资金。在箭头所指的这一话轮中,说话人并不打算因为获得会话的控制权而将会话转移到其他议题上去,而是顺着之前的会话内容继续谈论当前议题。这与上文的例1中箭头所指的话轮有很大区别。笔者将这类不转移会话议题、维持当前会话内容的话轮划分为维持话步。例2中画线的话题化结构小句所处的就是维持话步。

笔者对会话话步进行整理归类时,注意到会话的议题也是分层级的。比如例2中语段的议题为通过学费筹集资金,而从整体来看,这一语段与其前后的语段一起所探讨的议题为"教育的目标"及"校长的职责",其中涉及了"校长找钱"这一下级议题。从层级上看,例2这一会话语段的议题为"校长找钱"这一级议题的下级议题。同样,例1的议题从"比较成绩"转换到"四中的经历",从更大的单位来看,包括了例1前后的语段都是在"中学生涯"这一议题的叙述界限之内的,属于它的下级议题。笔者在区别起始话

步与维持话步的时候,将小句置于其所在的最低一级议题辖域之内观察小句所处的话步。否则,如果将例 1 的画线小句置于其更高一层议题"中学生涯"的辖域来看,它就只能被归为处于维持话步,这样的判断会因层次不清而忽视话题小句所在的话步在会话推进中所起的作用。

4.2.2 数据统计及分析

本书的会话语料中,所有的话题结构小句以及话题链总和为 706 例,对这 706 例小句与话题链进行会话切分后的统计结果如下:182 例位于起始话步,占 25.8%;524 例位于维持话步,占 74.2%。从数量与比例上看,位于维持话步的话题结构小句与话题链要远远多于位于起始话步的。这说明说话人使用话题结构时,较为常见的是围绕当前议题进行谈论,继续维持当前议题的情况。相比而言,使用话题结构发起一个议题或者转移议题的情况相对较少。对此,下文还会有分析。

笔者还对除话题链外的 624 例话题结构小句进行了对比分析,对其中的三类话题结构在会话话步中的分布情况分别进行了统计。

如图 4.2 所示,三种话题结构在会话话步中的分布从大趋势上基本相似,在统计的 142 个左偏置结构小句、324 个话题化结构小句以及 176 个汉语式话题结构小句中,位于起始话步的小句百分比分别为 33.8%、21.0%、26.7%,而位于维持话步的小句百分比则分别为 66.2%、79.0%、73.3%。Netz 和 Kuzar(2007)认为英语左偏置结构与话题化结构在话语管理方面存在功能性差异,说话人主要会在起始话步使用左偏置结构,而在维持话步使用话题化结构,但是很遗憾他们的研究并未给出具体的数据。对于本研究中的现代汉语语料,笔者通过卡方检验,发现左偏置结构与话题化结构在会话话步的分布比例上的确表现出显著性差异,($\chi^2=8.001$, $df=1$, $p=0.005<0.01$),而汉语式话题结构的表现则介于两者之间,与其他两种话题结构都没有显著差异。

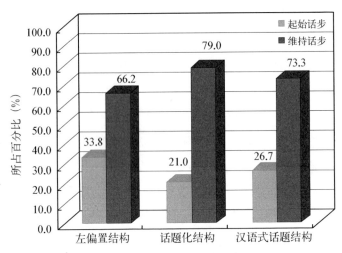

图 4.2 话题结构所在话步

上一章统计发现,左偏置结构的已知性程度在三类结构中偏低,比其他两类结构更多地将新内容作为话题引入会话,且话题信息在后续的会话中也更多地成为会话谈论的中心议题。上文的话步分布统计结果则说明,相较其他两类话题结构,左偏置结构出现在起始话步的情况更为频繁。将这类结构在话语结构切分中的特点与其信息特征相结合来看,与其他两类话题结构相比,左偏置结构更具有将议题引入会话、在会话中确立议题的话语功能。

尽管左偏置与话题化结构在话步分布上存在显著差异,但是,如图 4.2 所示,位于维持话步的左偏置结构与位于起始话步的话题化结构同样不在少数。因此,笔者认为左偏置结构与话题化结构之间在话语管理上的功能上不存在绝对的差异,它们都可以承担开启话步与维持话步的功能,但是在分布上有倾向性的区别,左偏置结构引入并确立议题的频率比其他两者要更高一些。

此外,笔者也观察了话题化结构的两类次结构在话步上的分布:宾语前置话题化结构以及主语凸显话题化结构。统计数据显示,宾语前置话题化结构以及主语凸显话题化结构在会话话步上的分布比例如下:位于起始话步的小句百分比分别为 12.2% 与 23.6%,位于维持话步的百分比分别为 87.8% 与 76.4%;通过卡方检验,两者在话步分布上呈显著性差异($\chi^2=4.505$, $df=1$, $p=0.035<0.05$)。Netz 和 Kuzar(2007)认为宾语前置结构不具备话语管理功能,而主语凸显结构则具备维持话步的话语管理功能,但是没有数据支持。尽管本书语料中两类话题化结构在会话话步的分布上有显著差异,但并不绝对排斥宾语前置结构在起始话步出现。

观察话题结构小句的分布,目的是对话题结构在话语管理上的功能作出总结。综合以上的统计分析来看,在话语管理方面,左偏置结构、话题化结构与汉语式话题结构事实上都可以承担开启话步确立议题与维持话步继续议题的功能,但是它们在话步的分布上表现出了区别,左偏置结构出现在起始话步的频率更高。在话题化结构内部两种次类别中,主语凸显结构相较宾语前置结构出现在起始话步的频率更高。

上文的统计发现,分布在维持话步的话题结构与话题链要远远多于分布在起始话步的,这点从数量与比例上都可以证明。但是,这实际上是有客观原因的。本书用的是电视访谈的语料;与日常会话语料相比,电视访谈语料有其自身的特征。例如,日常会话中闲聊更多,电视访谈中则相对较少;日常会话中无意义的话语碎片较多,电视访谈中则相对较少;日常会话的语句较短,电视访谈则语句相对较长;日常会话中有意义的内容较松散,电视访谈中则相对更集中;等等。这些差异与电视访谈的目的有关,因为访谈的目的就在于在有限时间内提供观众感兴趣的或者是重要的信息,能最大限度地吸引观众的注意力,而不是漫无目的地聊闲天。因此,在电视访谈前双方都会对节目作出策划与准备,这使得在访谈现场的会话有着中心议题,整个访谈的结构较为清晰,不会像日常会话一样带有较多的随意性。正因为如此,会话双方跳跃式的内容切换不太可能发生,相反,双方会在访谈的时间内就几个核心的议题交换信息。

此外,访谈会话的另一个特征是访谈的双方有着主客之分,且在会话进程中有着较为明显的分工。主持人一方作为访谈的主人,更倾向于承担引导对方以及调节会话结构的任务。受访者一方作为访谈的对象,则在会话内容构建方面承担了更多的任务。因此,起始话步这种转换议题、开启新议题的话步通常由主持人进行,主导会话的走向与进程,对话语结构层次的贡献较大。维持话步则由双方共同构建,体现了更多的意见交换与互动,对话语内容的贡献较大。

从这个角度来看,电视访谈中起始话步的数量本身就大大少于维持话步,从统计结果来看也的确如此。大多数话语都是在某个议题的谈论框架内进行讨论,属于维持话步,只有少部分话语是明确进行议题转换的。两种话步本身存在着基数上的数量差距,不可避免地造成两种话步中话题结构小句与话题链数量上的差别,因此上文的统计能说明三类话题结构在分布上的区别,但是无法为话题结构在会话切分中的核心特征作出总结。

基于上文的分析，笔者认为，只观察话题结构与话题链在两种话步中的分布情况并不能体现它们在话语结构方面的核心功能。但是有理由相信，位于不同话步的话题结构在表达上可能会有其自身的特点。例如，笔者在语料中发现，位于起始话步的话题结构小句是疑问句的情况较多，且很少与别的小句构成逻辑上的联系。这与起始话步更多是访谈主持人发起的询问有关信息的情况有关。与此相反，位于维持话步的话题结构小句以陈述句形式表现的居多，且常常与其他小句具有某种逻辑上的联系，尤其表现在话题与其他小句中的某实体之间的逻辑关系。在下面的小节中，笔者将这些话题结构小句与其他小句之间的逻辑关系做一个梳理与分类总结。

4.3 话语内容

根据前文所述，在观察话题小句在话语内容方面体现的功能时，笔者并不会去推断话题与会话中其他所指是否属于某种偏序集。笔者进行判断的主要依据是话题结构小句所指内部或者与前后小句成分的所指之间的逻辑联系。在本节中，笔者将对从会话语料中梳理的这些逻辑关系一一进行介绍。

4.3.1 对比

对比关系是语料中话题结构小句与上下文之间体现的最常见的关系，而对比关系涉及的对象往往是话题所指与话语中的其他所指。下面可以从例 3、例 4 来看话题结构表达对比关系的功能。

(例3)

<sp1>：其实我们很希望在今天的节目当中,跟您认真地来探讨一下您心目当中的大学之道,有请。((鼓掌))其实我们知道,纪校长担任人大的校长已经有八年了。您也提到对学生的培养.一定要重道也要重术。能不能跟大家解释一下,这两点.分别代表着什么？

→<sp2>：**A**所谓这个道.它主要还是指向一种理想,啊,一种理论,还有一种规律,还有一种准则,呃.指向的还是.如何做人。在我们人民大学来讲,就是毕业出去以后希望你成为公民表率,强调这个道,啊。**B**这个术呢.呃就是.实际的技能,动手的能力。

(U9)

(例4)

→<sp1>：换你。参加这场盛会的人哪…**A**有的人..得过奖牌,**B**更多的人没有得过奖牌,他们在一起完全是为了增进感情,交流情谊。今年夏天,要举行的这是一场什么样的盛会？

<sp2>：呃..第29届。

<sp1>：(0)29届。

<sp2>：夏季=

<sp1>：夏季哦。

<sp2>：北京..((音乐))奥林匹克运动会。

<sp1>：(0)奥林匹克运动会。错了。

(U10)

例3和例4取自不同的会话语料。例3箭头所指的话轮中，A、B两个画线小句都是话题结构小句，A为左偏置结构，B为话题化结构。例3这一会话语段及其下文谈论的议题是"道与术的区别"以及"现在大学中重术不重道的倾向"。从逻辑关系上来看，两个话题结构小句的所指之间形成了对比的关系。具体来讲，说话人将对比的主体"道"与"术"放在了有标记的话题位置，而后由述题部分对话题进行解释说明，提供了两者形成对比的具体内容："道"注重人的价值培养，而"术"则强调能力的训练。例4箭头所指话轮中画线的两个小句A与B在话语内容上也具有对比意义，对比的主体为所指"有的人"与"更多的人"，小句A的述题对话题进行了描述，提供了与小句B形成对比的内容所在。与例3不同的是，例4中A、B这两个小句并不都是话题结构，A属于话题化结构，被比较的为所指"有的人"，位于有标记的话题位置，而B则是无标记的SVO结构，被比较的所指位于无标记的主语位置。此外，还有些例子中被比较的另一方出现在宾语或补语或其他位置。

从例3、例4可以看出，话题结构的话题在话语内容方面与会话其他实体形成对比的逻辑关系时，并不一定要求对方也同为话题结构的有标记话题，因为话题结构一方本身已经对形成对比关系的实体进行了凸显。

另外，笔者也注意到，对比可以分为显性对比与隐性对比两种。显性的对比关系中，被比较的两个所指在会话中都得以表达；而隐性的对比关系中，只有比较的一方得到表达，但是句子结构等其他方面信息隐含了比较的另一方的存在。可以参照例5：

（例5）

<sp1>：最近…呃..有一个.网上的现象挺逗的，就是现在.有女人愿意花三万块钱让网上的婚姻猎头啊呃给你做特别详细的心理测试,然后呢就帮你去找那些.呃你最喜欢你最喜欢的男性。网上呢很多测试也非常流行,就是说女人现在到底啊要找什么样的男人才肯嫁。结果呢,现在他们就发现,最重要的一条标准仍然是经济稳定,第二是良好的教育背景,第三是合适的年龄相貌和性格,第四还是很好有很好的家庭背景。那丹丹姐你觉得这个..符合常理常理吧,常识啊。

＜sp2＞：我觉得其实怎么样都行,尤其女人到了一定年龄特别寂寞,我觉得其实.大概=

＜sp1＞：[嗯]

→＜sp2＞：[在]网上找的都是三十多岁的哈,我估计不会是二十几岁吧,<u>二十几岁的小孩机会太多了</u>。

＜sp1＞：哎哟,不行,二十几岁现在也有找,你觉得二十几岁的时候,机会都很多?

(U4)

例 5 取自会话语料 U4,箭头标识话轮中画线小句为汉语式话题结构小句。基于这个小句出现的会话上文内容,可以判断说话人的话语中暗含了隐性的对比关系,虽然她没有说"三十多岁的机会不太多",但听话人可以很容易进行推断而得出"二十几岁比三十多岁机会多"的意思。这一类的情况可以称之为隐性的对比。

在话题结构小句形成的对比关系中,最常见的为话题结构与非话题结构形成的对比,其次是话题结构之间形成的对比关系,上例所示的隐性对比在本书的语料中鲜有出现。但是这一现象与 Taglicht(1987:47)对对比关系进行的分类十分相符。

如前文所述,话题结构的话题凸显了对比的主题,述题则提供了对比的话语内容,这一功能在本书的语料中最为多见。事实上,很多学者都对话题结构的这一功能表示关注,如 Gundel(1987)、徐烈炯和刘丹青(2007)都认为对比是话题的重要功能,也有其他学者持类似观点,在此不一一赘述。但是,除了对比以外,以往的文献中很少提到话题结构的话题所指内部或与上下文其他所指形成的其他逻辑关系。以下对语料中展现出的这些关系做一一表述。

4.3.2 相似

会话语料中,话题结构的话题所指与上下文其他实体形成的逻辑关系中,最为常见的是对比关系,其次就是相似关系。话题结构中位于话题位置的实体通常是被比较的一方,而述题成分则提供了相似关系的内容依据。与上文提到的对比关系一样,在表达相似关系时,有可能相似的双方都位于有标记的话题位置,也有可能只是其中一方,而另一方所在的小句并非话题结构小句。下面可以通过例 6 了解话题结构小句与上下文形成的相似关系。

(例6)
<sp1>:是。来,我们认识一下李智。啊李先生。((鼓掌))这个..他们家是从爷爷辈就开始炒了,然后到爸爸吧?
<sp2>:对。
<sp1>:(0)爸爸也炒股,然后他要不怎么叫世家呢哈,这世家怎么说来着?

→ <sp2>: 这个世家就是…A <u>我爷爷..买过股票</u>,B <u>父亲买过</u>,C <u>我为了对得起这个世家的称号也买了</u>。

(U11)

例 6 取自会话语料 U11。箭头标识话轮的三个画线小句中,小句 A 为有标记的话题化结构,而小句 B 与 C 则是无标记的话题化结构。从话语内容上看,位于话题化结构小句 A 话题位置的"我爷爷"与另外两个小句位于无标记主语位置的"父亲"和"我"为比较对象,三个对象具有相似的特质,也就是三个人都"买过/了(股票)"。因此,话题化小句 A 与小句 B、C 之间形成了相似的逻辑关系。从此例可以看出,如果将三个所指"我爷爷""父亲"及"我"归为"我的家人"这一偏序集,只能说明三个所指的来源,而判断三个小句之间存在相似关系,则更恰当地对当前话语内容之间的关联作出了解释。

(例 7)

<sp1>: 你会有..本能地要安全感,女孩子,因为你..因为你得生孩子啊,

<sp2/3>: (0)嗯。

<sp1>: 你会..想要一个安全感,想要..你的孩子过比较好的生活,那你就希望你的丈夫能比较有才能。

<sp2/3>: 嗯。

<sp1>: 但是到..四十岁以后吧,你会..你真的觉得就是性格得..比较好。

第 4 章 话题结构的话语功能

<sp2>：非常重要，[脾气]
→<sp1>：　　　　　[非常]重要啦。**A** <u>另外你们怎么花钱</u>，
<sp2/3>：(0)嗯。
<sp1>：[是吧]。
<sp3>：[也很]重要。
→<sp1>：(0)<u>也很重要</u>。
<sp3>：[花钱是家庭矛盾的一个非常]
→<sp1>：[**B** <u>你们你们是否两个人都都好</u>]<u>客</u>...也很重要。
<sp3>：对对。
<sp1>：啊要不然你.我特别好请客，
<sp2>：呃。
<sp1>：(0)他特别怕来人，
<sp2>：呃@@
<sp1>：[也会吵架]。
<sp3>：[对对对对]对。
<sp1>：其实...很多细节上的是吧，
<sp3>：(0)生活上的。
<sp2>：就完全生活上的。
<sp1>：(0)还是要匹配。

(U4)

例 7 取自会话语料 U4，箭头标识话轮中的画线句子 A 与小句 B 在话语内容上形成了相似的关系。这个例子中比较特别的地方是小句 B 的话题部分是谓词成分，而不是比较多见的名词性短语。话题化结构小句 B 中由谓词成分充当的小句话题"你们是否两个人都好客"与前文的句子 A 中的"你们怎么花钱"具有相同的

159

特征,都是"很重要"。这个例子中,话题化小句 B 的话题是谓词成分,而与其内容上相似的也同样是谓词成分,从另一个侧面说明寻找小句间的逻辑比试图建立偏序集更容易清楚明白地体现小句间内容上的联系。

4.3.3 包含

语料中也有话题结构表达包含关系的例子,出现频率比前两种关系略低。笔者归纳了两种形式的包含关系:在话题结构内部,话题位置具有多个所指,单独形成语调单位;而述题部分则从总体上对话题多个所指进行统一的描述。这类关系也可视为话题是说话人对述题描述对象的枚举。例8、例9是这类形式的例子。

(例 8)

→＜sp1＞：鲁豫有约,师者于丹讲述她的人生故事。<u>手电,沙漠,两个男同学,</u>昨天的关键词唤起了于丹关于她获得勇气和学生时代的难忘回忆,而今天的关键词又能勾起于丹多少的人生记忆和感悟呢?

＜sp2＞：牛仔装,红发带,录音机。

＜sp3＞：其实这让我想起了,一段岁月,就是我跟你讲到的关乎一个名字…柳村。(省)

(U8)

(例 9)

＜sp1＞：那么我们回到你们最初策策划这样一个活动的时候,虽然是两个.不同的项目,但是不约而

　　　　　同的都想到了,在这个70年之后,这个重走长
　　　　　征路哈。那个那个最初的那个.那个想法.是想
　　　　　在重走的过程中间获获得什么呢?
＜sp2＞: 长征路确实,70年过去,不仅仅是我们,不仅仅
　　　　　是交通广播和小崔这边,很多人用很多种方式
　　　　　都重走过。
＜sp1＞: 嗯是。
→＜sp2＞: (0)呃<u>骑车的</u>,<u>步行的</u>,呃<u>开车的</u>,<u>中国人</u>,<u>外国
　　　　　人</u>,<u>老年人</u>,<u>青年人</u>,都走过。他们都有一种共
　　　　　同的一种心愿就是说.实地去看一看。
＜sp1＞: 嗯。
＜sp2＞: 看什么,我想肯定是想去看长征路,看红军,
＜sp1＞: 嗯。
＜sp2＞: 看这些过去曾经发生过那么多事情的那些
　　　　　地方。

(U1)

　　例8与例9分别取自不同的会话语料U8与U1,箭头所指话轮中画线的小句在话题位置都有多个所指。在例8中,画线小句为左偏置结构,"手电""沙漠""两个男同学"是位于话题位置的所指,述题中主语位置"昨天的关键词"回指的正是这三个处于话题位置的所指。在这个左偏置结构小句中,三个所指都是"昨天的关键词"之一,是回指词"昨天的关键词"所包含的个体,它们共同形成了一个由多个个体组成的有标记话题集合,而这一集合的共同点则是"唤起了于丹关于她获得勇气和学生时代的难忘回忆"。话题位置的所指是说话人枚举的这一集合中的个体。

161

例 9 与例 8 不同,画线的小句为话题化结构,在述题部分并没有回指话题的成分存在,或者说可以回指话题的位置上出现的是零成分。但是,我们同样可以理解,话题位置上"骑车的""步行的""开车的""中国人""外国人""老年人""青年人"这些独自形成语调单位的所指形成了一个集合,它们是说话人所枚举的这个集合的一些例子,它们的共同点就是"都走过(长征路)",姑且可以称其为"走过长征路的人"集合。在这个小句中,述题位置虽然找不到这样一个集合名称,但同样可以判断出在这个话题化小句内部存在着隐性的包含关系。另外,从例 9 可以看到,说话人在用话题结构的形式对某集合的成员进行枚举时,它们之间并不一定是并列关系,也有可能相交,如"骑车的"与"中国人"就有可能出现交集。在这个具体的例子中,话题位置的所指所枚举的是更大集合的子集,而非个体。

话题结构体现包含关系还有另一种形式,说话人并不简单地将包含关系中的个体或子集罗列在话题位置,而是对其分别用小句进行说明,其中至少有一个小句使用话题结构的形式。上文在讨论对比关系时示例的例 4 就是一个很好的例子,笔者在这里用这个例子来说明包含关系,在此重新编号为例 10。

(例 10)

→ <sp1>:换你。CH 参加这场盛会的人哪...A 有的人..得过奖牌,B 更多的人没有得过奖牌,C 他们在一起完全是为了增进感情,交流情谊。今年夏天,要举行的这是一场什么样的盛会?

<sp2>:呃..第 29 届。

<sp1>:(0)29 届。

＜sp2＞：夏季＝

　　＜sp1＞：夏季哦。

　　＜sp2＞：北京..((音乐))奥林匹克运动会。

　　＜sp1＞：(0)奥林匹克运动会。错了。

(U10)

　　前面讨论过这个例子中的 A、B 两个小句之间形成了对比的关系。事实上这是一个由多个小句组成的话题链,此处添加了话题链符号 CH,并用波浪线的形式标识了位于话题位置的所指"参加这场盛会的人"的话题链辖域。在这一话题链中,"参加这场盛会的人"与 A 小句的话题"有的人"及 B 小句的主语"更多的人"之间形成了包含的关系,它们之间的关系有点类似于 X(Y＋Z) 的公式,(Netz & Kuzar,2007)而 C 小句中的"他们"则回指话题链句首的话题。与上文例 8 和例 9 不同的是,该话题链中被包含的所指并不是简单地罗列在句首的话题位置,而是分别由各自的小句进行说明。因此,在形式上与前文所述包含关系的第一种表现形式有所区别。第 3 章中的例 17 也是个类似的例子,在此重新标号为例 11。

(例 11)

　　＜sp1＞：这个旗子太珍贵了。

　　＜sp2＞：非常珍贵。

　　＜sp1＞：对。

　　＜sp2＞：我们一共在梁宁宁老先生的授权下复制了八面,

　　＜sp1＞：噢。

→＜sp2＞：**A** 其中这一面呢是现在是我们北京交通广播非常珍视的一份.一份关于红军的记忆。**B** 另

163

外七面呢,我们路上.我们也进行了七次公益捐赠。我们也作为我们那次公益捐赠的每一次的礼物,留给了我们七次公益的所在地,留在了长征路上。

(U1)

例 11 箭头标识的话轮中,画线的两个小句 A 与 B 中处于话题位置的"这一面"和"另外七面",与前一小句中的宾语成分"八面"形成了包含的关系。同样,说话人也不是简单地将它们罗列在话题位置,而是分别用话题结构小句对它们进行了说明,其中 A 小句为主语凸显话题化结构,B 小句则是汉语式话题结构。与例 10 不同,例 11 中与"这一面"和"另外七面"形成包含关系的所指"八面"并不位于话题位置。

值得一提的是,在上述第二种表达包含关系的形式中,同为集合内个体或子集的所指,处于话题结构或者非话题结构小句,这些小句往往又形成对比关系或相似关系。因此,可以观察到小句以及更大句群的所指之间有可能会形成嵌套的关系。

第 2 章对汉语式话题结构进行分类描述时曾经提到,大多数汉语式话题结构话题与述题之间的关系类似廖秋忠(1986/1992)论述的框—棂关系。在话题与述题某实体的关系为包含关系时,话题—述题对应框—棂的位置似乎正好颠倒过来。

4.3.4 总结

笔者在本书语料中还发现,有时话题结构小句与之前的话语存在着这样的关系:先前的话语是对具体情况的描述,然后会话参与者之一用话题结构小句对先前话语做一个总结。在这种情景下使用的话题结构小句，其话题位置的所指往往并不指向前文的某一实体，而是指向前文若干个实体，或者是对前文若干个小句表达内容的总体概括。下面可以从例12来了解说话人使用话题结构小句作为对前文总结的情况：

(例12)

<sp1>：长征时期是..不光是中国革命,是应该说我们这个民族最艰苦的时期。一个军,二十五军,几位主要领导人人都负伤。

<sp2>：嗯。

<sp1>：包括我们党的当时主要领导人,毛泽东是.带病踏上长征路的,周恩来是.差点死在草地那儿的,

<sp2>：嗯嗯。

<sp1>：邓颖超也是差点死在草地那儿的,

<sp2>：嗯。

<sp1>：王稼祥,当时党的领导人,他是被一个子弹从后面打进去。他是肠子上..肚子里装了一根橡皮管。他就带着这个管,这个管后来掉到肚子里去了,走到了陕北。后来美国医生马海德.给他检查病的时候,

<sp2>：嗯。

<sp1>：非常震惊.说..带着这样的伤..怎么可能走完长征路呀,

<sp2>：嗯。

<sp1>：说这样的人他是靠一种什么样的精神把这个

路走完的。

<sp2>：嗯。

→<sp1>：我就说这个意思就是<u>高级将领这个牺牲…在</u>
<u>红军中</u>是个很常见的事事情。

(U1)

例 12 取自会话语料 U1,这一语段以及前文的会话在谈论的是长征时期红军士兵及将领的牺牲。说话人在箭头标识话轮的前面部分用叙述的方式列举了很多领导人所作的牺牲,包括二十五军的主要领导人、毛泽东、周恩来、邓颖超以及王稼祥。在即将结束这一话轮的时候,说话人用了画线的主语凸显话题化结构小句,对前文自己讲述的内容做了一个总结。在画线的小句中,位于话题位置的成分"高级将领的这个牺牲"并不指向前文的某一实体,而是对前面所述内容的总体概括,这一话题化结构小句与前文话语存在着总结的关系。

以上所述的这些逻辑关系的表达,并非只有话题结构才可以实现。常规的无标记小句事实上也可以建构小句间的这些逻辑关系。但是,由于话题结构中话题部分前置,在语调单位上有其独立性倾向,与常规小句中的主宾语成分相比,话题处于一种有标记的、凸显的地位。因此当说话人用话题结构的形式进行表述时,它与其他小句之间这种逻辑上的联系会因为话题的凸显地位而得到突出,也由此更方便了听话人对这些意义加以识别与领会。

笔者将话题结构在话语结构与话语内容上体现的功能相联系,观察其分布状态,发现话题结构在话语内容建构方面表达的各种逻辑关系,绝大多数都是在维持话步完成的,只有极少数处于起始话步。这与两种话步本身负担的任务以及在内容上对话语的贡献程度有关。起始话步的主要任务是转换议题,为其后的会话开启新议题,是之后一段谈话内容的起始点。因此,起始话步的特征是一般较为简短,与前文内容分隔明显。相比而言,维持话步是对已开启的议题进行讨论,在话语内容上更为丰富,也比起始话步更具深度。因此,体现话语内容建构的话题结构小句分布在维持话步的居多。

此外,还有一点也引起了笔者的注意,即话题结构在话语结构切分与话语内容构建方面有不同之处。区别主要在于,在话语内容功能方面,话题结构对逻辑关系的表达显示出了局部性的特征,且在结构上也体现得较为齐整。例如,上文提到的例3与例4,逻辑上的对比意义只存在于两例中的A、B小句之间,话题结构在小句间逻辑关系建构的影响仅限于这两个小句,而并不延续到后文的话语中去,因而具有局部性的特征。而从小句结构上来看,即使具有对比意义的A、B小句并不一定都是话题结构,但小句间表现得仍然比较齐整,让听话人能很容易地了解到说话人想表达的这种对比意义。同样,话题结构在表达相似、包含、总结等话语内容上的逻辑关系时,也有同样的特征,将逻辑关系的表达限制在局部的框架之内,后续的话语并不再过多地受其影响或参与这一内容的构建。

与此相反,在话语结构方面,无论是位于起始话步还是维持话步,话题结构都显示出了开放性的特征,也就是说,话题结构在会话切分方面所作出的贡献持续地影响到了其后续的话语。如上文例1中的箭头标识话轮,该话轮中的小句位于起始语步,而它在话语中的作用并非到此为止,而是作为起始点为后面的话语标识了议题方向,形成了持续性的影响。正因为它转换了议题,才使得后续的话语围绕着新议题开始展开讨论。因而,笔者认为话题结构在话语结构方面的影响显示出了开放性的特征,而在话语内容建构方面则体现了相对局部性的影响。

4.4 本章小结

本章探讨了话题结构的话语功能。以往的研究者在探讨话题结构对话语的贡献时，往往只着眼于话题的信息特征，而不关注对会话的整体理解。本章采用了新的角度，对 Netz 和 Kuzar(2007) 的框架进行调整，从话语结构与话语内容两个角度来观察话题结构的话语功能。

笔者研究发现，在话语结构方面，话题结构可以承担在起始话步确立议题以及在维持话步继续议题的功能。在这两种话步出现时，话题结构表现出了开放性的特征，对后续会话产生引导性的影响。在话步分布上，三类话题结构的表现有所不同，较其他两种话题结构而言，左偏置结构在起始话步出现的频率更高。将这一特征与前一章论及的话题结构信息特征相结合，笔者认为左偏置结构更多地表现出在会话中引入议题并确立议题的话语功能，而其他两类话题结构则更多地在会话中维持议题。

在话语内容方面，话题结构可以突出表达小句间的逻辑关系。语料中话题结构在内容上与其他小句构成了对比、相似、包含及总结等逻辑关系。本书还发现，与话语结构功能相比，话题结构在话语内容构建方面体现出了相对有限的、局部性的特征，对后续会话的影响范围较小。

笔者认为，话题结构在话语结构与内容两方面体现的功能与会话访谈的特征密切相关。这说明，会话双方在访谈中的角色与任务使得他们对会话结构与内容的贡献各有侧重。例如，起始话步多由主持人一方完成，而嘉宾的话语则更多地集中在维持话步，主持人在起始话步使用话题结构时，大多以疑问句形式呈现。

| 第 5 章 |

话题结构的语用分析

本章将从语用的角度对话题结构进行阐释。结合前两章论述的话题结构在会话中体现的信息特征以及话语功能,本章将总结使用话题结构进行语言组织的认知语用动因。本章还将联系会话的特征,对话题结构使用所体现的语用策略进行梳理,希望能从实际会话进程的角度,联系多方面的语言及非语言特征,对话题结构作为策略性的选择提供解释。

5.1 认知语用动因——凸显

既然话题是一种语用成分而非句法成分,话题结构的建构与使用是语用现象,那么话题结构背后应该有其认知语用动因存在。Schmid(2016)主张认知体系中的输入涉及了多个不同维度的驱动,如凸显、分类等认知因素,交际意图、目标等语用因素,情感因素以及社会因素等都在话语表达中起到作用。因此,对语言结构背后的认知语用动因进行分析,有助于更好地理解其特征与话语功能。

Prince(1981)提出,左偏置结构的语用动因之一是为了免于将熟悉度量表中处于低端的名词短语置于主语位置。也就是说，说话人如果希望引入熟悉度差、已知性程度低的信息，因为不方便在主语位置上引入，因而会为其另行创造一个独立的信息单位引入这一信息，也就是话题部分。Chafe(1987)、Du Bois(1987)以及Lambrecht(1994)等学者都认为，从信息结构的角度考虑，小句的主语位置不适合引入新所指，因此他们提出了一些对应的语用限制，认为这是话题结构的语用动因之一。廖秋忠(1991/1992)也认为新信息如果出现在施事主语之外的位置，有利于缓解听话人处理新信息的压力。如果说话人在话题位置引入新信息，那么在主语位置回指这一信息单位时它就是再次出现了，可以用对应已知性程度更高的表达方法。因此，话题结构的语用动因之一是简化语篇中引入新信息的过程。(Prince,1997：124)

对以上这一观点笔者持赞同的态度，在常规的小句结构中，确实更适合在宾语的位置引入新的信息，而如果说话人希望在小句起首位置引入新信息时，似乎为其提供独立的语调单位、将其设计为话题能给听话人提供更多的缓冲时间对这一信息进行理解加工。

但是，本书希望提出对以上观点的一些补充。本书认为，话题位置相较主语位置更适合为语篇引入新信息，这可以解释说话人使用话题结构引入会话中已知性程度低的信息的情况。但是，第3章的统计显示，大多数话题结构的话题信息在会话中已知性程度高，其中有将近一半的话题信息为激活信息，由语篇或情景语境激活。显然，从呈现频率上考虑，在话题位置引入新信息的话题结构远比话题已知性程度高的话题结构要低。后者更为常见，但已有文献却未对其认知语用动因加以探讨。本书认为，对于话题已知性程度高的话题结构，一个重要的语用动因是说话人对认知凸显的考虑。

凸显是认知语言学中的重要概念，从认知心理的角度来考虑，凸显与人们的注意力分配有关。Chafe(1994：26-30)曾经论及人们意识的焦点,也就是注意力的中心。人们对不同事物的注意力分配有着程度上的区别。例如,观看同一场戏剧表演的两名观众很有可能会因观赏角度不同而注意到不同的细节。在任何事物中都会有些特征吸引人们的注意力,引起关注,或者换而言之,这些特征强化了该事物的认知凸显程度。(Croft & Cruse,2006：47)

在会话进程中,由于话语的不断发展,越来越多的信息加入当前会话,这些信息都会在某种程度上吸引会话参与者的注意力。当说话人意欲将注意力导向某一曾经可及的实体,使其成为接下来的话语中心时,其他信息的存在可能会形成竞争或干扰。说话人如果希望在发出话语时自己的表述对象能吸引对方的注意力,成为对方意识的焦点,就有可能用某种方式加强表述对象的凸显程度。这样一来,听话人能够较为明确地接收到信息,理解被凸显的实体就是接下来说话人的表述对象,为之后的话语内容提供信息的索引,成为后续话语的起点。

认知语言学中,有两组与凸显有关的概念,一组是基体/侧面,另一组是图形/背景。一个语言表达式激活的图式为基体(base),在基体中某一次结构得到凸显,成为注意焦点,即侧面(profile)。(Langacker,1986)因此,基体/侧面是针对一个表达式的不同组成部分而言的。同样,认知心理过程中,图形/背景的区分也是最普遍的一种认知方式。认知主体在对事物进行感知时,图形的结构清晰,容易感知识别,而背景则细节模糊,只起到衬托的作用。将两者相结合,背景能使图形得到凸显,而图形则成为感知的对象。图形/背景的表达与确认也由会话参与者的注意力分布决定。

在认知过程中,可以有多种语言的或者非语言的手段将会话中的某信息凸显为图形。例如,在话语中对某信息进行重复或重读有可能是将其凸显为图形的有效方式。此外,在对某信息进行表达时,某些身态手势的配合也有可能将它凸显为图形。话题结构在结构上的特征非常适合说话人进行认知凸显的处理,话题部分得到凸显,成为明确的表述对象以及后续话语的起点。本书认为可以从话题结构的语言表现来反证认知凸显这一动因的存在,具体来讲,笔者大致上考虑以下两个方面为话题结构对话题信息的凸显方式:信息强度与信息量。

5.1.1 信息强度

关于信息强度,笔者指的是话题结构中的话题部分在语音表达上常常会比较突出。第 2 章曾用语音图的模式举例说明,话题结构有着与常规小句不同的韵律模式。这主要在于话题结构与常规小句在语调单位上存在差异,且有标记话题与无标记主语之间在音高变化上也有区别。虽然不是所有话题结构中的话题都具备单独的语调单位,但至少在停顿或提顿词做话题标记的话题结构中有着这样的表现,而具备这些话题标记的话题结构比例很高。此外,有标记话题的音高范围明显比无标记主语的要广,在音高曲线上表现出有较为强烈的升降。

对于话题结构内部的韵律模式,也有研究进行了观察。对英语话题结构的韵律模式,Steedman(2000)用实验证实,英语话题结构小句中,话题往往有着 L+H 的语调模式,也就是音高从低往高发展的趋势。对于现代汉语话题结构,Yang(2010)发现话题明显具有较长的尾音,使得话题与述题之间的分界明显;同时,话题与述题之间的韵律差异在于,述题部分音高范围的最高值与最低值都明显低于话题部分,这也意味着,从话题到述题话题结构在音高表现上具有自然下倾的趋势。这说明,话题部分在音高上比述题部分更为突出。

Yang(2010)所用的材料虽然是现代汉语话题结构,但他的研究是实验室研究,请参与者根据有准备的语言材料进行谈论,材料中有预先准备好的话题结构供朗读。本书的语料是自然发生的语言材料,不同于实验室材料,应该更能体现话题结构的自然特征。为了观察话题结构在韵律上的特征,笔者参照 Yang(2010)的方法,对本研究会话语料中话题结构的音高特征也进行了观察。

由于所选材料的限制,笔者无法对所有的话题结构小句都进行韵律模式的描写与观察。这主要是因为在本书的 11 辑访谈语料中,有多辑都在访谈现场有配乐作为背景,而现场的配乐无疑会干扰音高分析。因此,笔者无法对所有的话题结构进行分析,只能随机挑选一部分不受背景声音干扰的话题结构进行韵律分析。笔者随机挑选了 10 例话题结构小句,男、女各 5 例,没有对话题结构的类别加以限制。在用 Praat 软件对它们进行了分析之后,分别记录了这 10 例话题结构中话题部分与述题部分在音高上的最大值、最小值。详情请见表 5.1。

表 5.1 话题结构话题与述题音高随机分析

音高 Hz			1	2	3	4	5
	F	MAX	355.04 323.81	418.65 340.56	273.7 214.73	349.4 282.78	356.7 369.22
		MIN	240.37 141.34	187.38 78.79	120.28 122.25	83.89 126.05	119.38 80.85
	M	MAX	194.53 132.28	166.11 146.74	171.56 140.63	205.33 194.64	192.13 162.71
		MIN	90.57 75.25	94.77 75.69	138.06 74.59	90.67 87.43	77.67 78.71

注:每个单元格中,上面的数字表示话题音高,下面的数字表示述题音高

表 5.1 中，MAX 表示音高最大值，MIN 则表示音高最小值；F 代表女性所说话语，而 M 则代表男性所说的话语。从表中的数据来看，我们不难发现这样的趋势：在同一话题结构中，话题部分的音高最大值以及最小值都倾向于比述题部分的要更高。当然，并不是每例话题结构小句都遵循这样的模式，如 F3、F4、M5 这三例中，述题部分的音高最小值要高于话题部分的音高最小值，而 F5 这例的述题音高最大值要略高于话题的音高最大值。沈炯（1994）发现，声调音域高音线上移是语势重音的音理，声调音域低音线与语势重音没有明显的关系。那么，可以粗略地认为，这 10 个例子中有 90% 的话题结构的话题部分为小句的重音部分。即便是 F5 中述题音高最大值要略高于话题，它们之间的差别也是微乎其微。因此，尽管这几个个例中音高的表现略有差异，但从 10 个例子的总体情况来看，趋势还是较为明显：话题部分的音高值总体要比述题部分的更高。这样的趋势说明，话题结构呈现音高上前高后低自然下倾的趋势，话题部分更有可能成为小句的重音所在。笔者的这一分析结果与 Yang（2010）的实验室研究结果是一致的。

笔者同时还对上表中的 10 例话题结构进行了音高范围的分析。我们可以根据话题和述题的音高最大值与最小值之间的比率来分析两者的音高范围的情况。设话题的音高最大值比最小值之比为 X，述题的音高最大值比最小值之比为 Y，那么 X 与 Y 之比就是话题与述题的音高范围比 R。（Yang，2010）如果 R 值为 1，那么话题与述题之间的音高范围值相同，而 R 值越小，则话题就越小于述题的音高范围。分析结果表 5.2 和图 5.1 所示。

表 5.2 话题与述题音高范围比

样　本	音高范围比	样　本	音高范围比
F1	0.64	M1	1.22
F2	0.52	M2	0.90
F3	1.30	M3	0.66
F4	1.86	M4	1.02
F5	0.65	M5	1.20

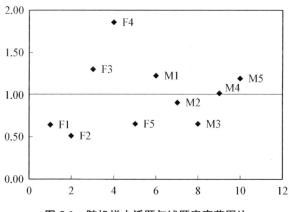

图 5.1 随机样本话题与述题音高范围比

从表 5.2 和图 5.1 显示的 10 例话题结构的话题述题音高范围比率来看，基本上它们的比例在值 1.00 上下分布较为平均。仅从这 10 例的情况来看，话题结构个例中话题与述题的音高范围表现各不相同。由于样本数量太少，我们无法判断话题与述题之间的音高范围是否具有显著性差异。

基于第 2 章 2.2 小节的论述以及上述的分析，大致可以得出以下的结论：与无标记主语相比，话题结构中的有标记话题在语调单位以及音高范围上体现出了明显的特征，语调单位趋于独立，音高范围相较更广。在话题结构内部,无论是音高最大值还是最小值,话题部分都倾向于比述题部分更高。从总体上看,话题结构呈现出从话题到述题音高下降的趋势。

基于音高与语势重音之间的关系,(沈炯,1994)尽管我们观察到的特征仅包括语调单位和音高两个粗略的方面,应该也能在某种程度上体现话题相对于述题以及无标记主语的语音差异。考虑到上述话题结构在韵律模式上体现的趋势特征,本书大胆地得出这样的结论:话题结构在语调单位以及音高上体现的韵律特征,正是说话人对话题部分进行认知凸显的语音表现。趋于独立的语调单位、比无标记主语更广的音调变化范围以及比后续述题部分更高的音高值,都是可以使话题部分得以在话语中表现突出的语音手段。在会话展开过程中,这些特征使得话题与其他信息在表现强度上形成差异,占据了表达优势,因而能吸引更多的注意力,在会话进程中得到认知凸显。

Venditti 和 Hirschberg(2003)认为,韵律模式与话语加工相关。当然,韵律模式上的凸显还包括了更多的特征,声调、语调、音长、节奏等各个方面会相互作用形成复杂的语音凸显表现。受自身能力所限,笔者无法对语料中的话题结构逐一进行细致彻底的语音研究。因此,上述研究样本量太小,无法得出十分有说服力的结论。对于话题结构内部话题与述题音高特征的研究,还需要有更多的数据进行验证。

5.1.2 信息量

关于信息量对话语表达形式的影响,Fox 和 Thompson(2007)在研究英语关系从句中关系词的使用时,发现主句表达式的复杂程度对关系词的使用产生了影响：主句中的先行词越复杂，信息量越大，它与关系从句之间就越难以成为一个统一的整体，因此使用关系词的倾向就越强。笔者在对话题结构进行研究时也持相似的观点，信息量大、表达形式复杂的名词成分在小句中似乎会使得其所处的句法位置偏"重"，打破句式的平衡，从而影响说话人自身的表达与听话人的理解。

根据会话省力原则，会话双方都希望用最经济的方法实现交际的目的。(Zipf, 1965)例如，说话人在谈及语篇中已经活跃的信息时，会倾向于使用简单的语言形式指向这一信息。既然主语位置倾向于表达语篇中已活跃的信息内容，那么主语位置的语言表达形式往往不会过于复杂。宾语位置的表达形式会比主语位置的更复杂一些，因为宾语位置的信息往往是提供与主语有关的知识内容。本书 3.3.2 小节提到过，Halliday(1967：204) 与 Lambrecht (1994：207)都认为即便这些知识内容在语篇中曾出现过，但从语用角度来讲，其与主语的相关性以及相关的方式总会有"新"的意义在里头，因此在表达形式上来讲不会像主语那样简洁。对于这一点，3.3.2 小节论述的话题信息在后续会话不同位置接续时语言形式上的差别可以作为佐证之一。

对于信息量因素，本书的观点是，如果说话人需要在小句中用较为复杂的语言形式表达信息，例如带有复杂有定修饰语的名词短语、多个并列的名词短语等，无论其语法上是主语还是宾语，在语义上是施事、经事还是受事，说话人都会倾向于赋予其独立的语调单位，将其前置，用话题的形式进行表达。这样做有两方面的好处：一是复杂形式往往表达的信息量大，将其相对独立会方便听话人对这一复杂的形式进行加工与识解；二是口语会话与书面语篇相比，口语会话的小句会更简短些，长的、复杂的结构在口语中容易造成表达上的困难。因此,对于说话人自己而言,将较大信息量的单位形成话题也使得自己在表达其后的述题时更为省力。因此,本书认为,将信息量大的复杂语言单位作为话题来处理,对说话人与听话人双方来说都是会话省力原则的一种策略体现。

5.1.2.1 话题长度

本书试图从会话语料中寻找相应的依据。对于信息量的大小与表达的复杂性,首先我们考虑的是话题的长度,字数越多,名词短语所携带的信息也相应更多。因此,笔者记录了所有642个话题结构小句以及64个话题链句子的话题成分的长度,统计结果如表5.3所示。

表5.3 话题长度统计

结构类型	小句数量	话题长度			
		极小值	极大值	均值	标准差
左偏置结构	142	1	33	7.23	5.414
话题化结构	324	1	32	5.85	4.907
汉语式话题结构	176	1	18	4.08	2.842
话题链	64	1	27	4.50	3.854
所有话题结构	706	1	33	5.55	4.638

表5.3记录了会话语料中各类话题结构话题部分的长度,在统计时,我们并没有将提顿词计算在内。从表中可以看出,包括话题结构小句与话题链的706个例子,话题的平均长度为5.55个字,其中最长的话题为33个字,最短的1个字,标准差为4.638。为了有所对比,笔者对会话语料中不是话题结构的常规小句也同样进行了统计。笔者统计了700个小句的主语和宾语,而这些小句是在11辑会话语料中随机抽取的,与表5.3中的话题结构有相

同的会话来源。统计结果见表 5.4。

表 5.4 主语及宾语长度随机统计

成分	小句数量	极小值	极大值	均值	标准差
主语	700	0	20	1.62	1.877
宾语	700	0	18	2.87	2.591

从表 5.4 来看,随机抽取的无标记常规小句中,主语与宾语的长度最小值均为 0,因为在有的小句中主语或宾语是零形式。主语和宾语长度均值都要小于所有话题结构话题的长度均值 5.55。笔者将这 700 例主语和宾语分别与 706 例话题做了统计检验,发现它们在字数上具有显著差异(话题/主语:$Z=-24.586, p=0<0.01$;话题/宾语:$Z=-14.737, p=0<0.01$)。单独使用话题化结构中的主语凸显结构和宾语前置结构来与无标记常规小句进行对比也许更能说明问题,因为它们之间在结构上相似度更高,甚至有些句法学家认为这两类话题化结构是由无标记常规小句经过句法变换而成的。因此,笔者将 250 例主语凸显话题化结构(SM)与 74 例宾语前置话题化结构(OF)的话题分别与随机抽取的相同数量的无标记常规小句中的主语或宾语进行了比较,比较结果可见表 5.5。

表 5.5 话题化结构小句次类与无标记常规小句对比

	小句数量	极小值	极大值	均值	标准差	Z 值	p 值
SM 小句话题	250	1	32	6.00	5.073	−13.738	0
常规小句主语	250	0	20	1.86	2.054		
OF 小句话题	74	1	30	5.34	4.288	−4.336	0
常规小句宾语	74	0	18	3.30	3.217		

从表5.5可以看出,话题化结构两种次类别结构的话题,与相应常规小句中的无标记主语或宾语在长度上都表现出了显著差异。

5.1.2.2 语言形式

在考虑话题的信息量时,除了话题长度之外,另一个相关的因素是话题的表现形式。第3章曾论述,名词性成分的不同表现形式对应其所携带信息的不同认知状态,语言形式越简单轻省,相应的信息在会话参与者大脑中越活跃,而复杂的语言形式携带的信息在会话参与者大脑中已知性等级低、活跃度差。笔者推测,成为话题的信息除了在字数长度上与无标记主语和宾语有显著差异之外,其表现形式也比无标记的主语和宾语更为复杂。事实上,语言表现形式与字数长度本身也是一致的,通常字数越多的语言形式在结构上也相应更复杂,例如名词短语就比零形式以及代词要字数多、形式更复杂多样。

笔者同样试图从会话语料中寻找佐证。笔者对706例话题结构的话题与上文随机抽取的无标记常规小句的主语和宾语进行了对比,对比的内容是其语言表现形式。因为我们在此并不需要对它们的信息认知状态进行归类,所以只尝试将它们的语言表现形式大体上分为三个类别:零形式、代词以及名词短语。统计结果可见表5.6。

表5.6 语言表现形式对比统计

	零形式	代词	名词短语	谓词成分	合计
主语	140(20.0%)	458(65.4%)	102(14.6%)	/	700
宾语	79(11.3%)	354(50.6%)	267(38.1%)	/	700
话题	0(0.0%)	54(7.6%)	586(83.0%)	66(9.3%)	706

表5.6显示,话题的语言表现形式与无标记主语和宾语的形式

差别巨大,话题位置代词的比例仅为7.6%,而名词短语占了高达83.0%的比例,与此相对,无标记主语以及宾语中名词短语的比例仅为14.6%与38.1%。笔者也对上表的统计数据进行了统计检验,结论是三者之间的差别具有显著性(话题/主语:$Z=-10.495, p=0<0.01$;话题/宾语:$Z=-10.413, p=0<0.01$;主语/宾语:$Z=-4.749, p=0<0.01$)。由此可见笔者的假设可以成立,话题结构中话题位置的名词性成分的确在语言表现形式上要比无标记常规小句中的主语和宾语更为复杂。图5.2更直观地呈现了三者之间的差别。

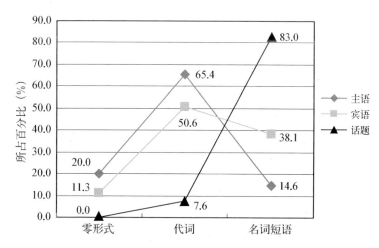

图 5.2　话题与主语及宾语语言表现形式对比

结合话题长度与语言形式两个方面的综合考虑,本书认为,与常规小句中的其他位置的名词性成分相比,话题的确携带更大的信息量。

Chafe(1994:69)曾发现,英语中名词性短语往往不会超过4个单词,这说明人们一次性可以处理的信息量是具有某种认知局限的。Dryer和Hawkins提出重名词移动(heavy noun shift)的规律,说话人倾向将"大块"的名词性成分置于句子的开头或末尾,这样可以减少对其他成分之间关系的干扰。(转引自陆丙甫,2004) Fox 和 Thompson(2007)也认为信息量大、表现形式复杂的语块在小句中与其他部分成为密切相连的整体的难度相较更大。这样的认知规律对现代汉语应该也同样适用。依据上文的分析,从长度以及形式上看,话题成分属于"大块"信息,如若置于句中,从整体而言会让小句结构显得较为松散。

笔者分析,信息量对表达形式的影响与语料的特征也有关。本研究的语料是会话语料,既不是书面语料,也不是预先准备好进行朗读的语料,因此具备即时性的特征。正是因为口语会话的这种即时性,对说话人和听话人双方而言,信息量大的语块都会形成认知加工的负担,需要他们付出更多的认知努力进行建构或识解。

因此,在人们的短时认知加工能力有限的情况下,将信息量大的语块相对独立地置于句首成为话题,一来可以用凸显的方式传达该信息,并使小句其他部分仍然成为紧密的整体,二来也同时方便了说话人与听话人双方对小句信息进行加工处理。

综上所述,话题较突出的语音表现以及较大的信息量都是话题结构对话题信息进行认知凸显的外在表现。综合对信息强度与信息量这两个方面的考察,笔者认为认知凸显是话题结构的重要认知语用动因。

5.2 话题结构与互动策略

5.2.1 会话支架

本书认为,在认知凸显这一动因的影响下,话题结构的使用体现了说话人在会话进程中将其作为会话支架的语用策略。在这里,笔者借用了支架(scaffold)的概念。作为工程里的必备品,支架原本指的是在建筑或修缮某建筑物时为进行支撑而搭建的结构,用于建筑工人行走或搬运物品,往往是临时性的。Vygotsky(1986)将支架的概念引入对儿童学习发展的研究中,隐喻学习上的支撑和支持。在认知科学中,学者们在研究分布式认知时又用到了支架这一概念,如 Clark(1998:163)将它定义为"帮助我们实现目标的增进剂,包括物理的、认知的以及社会的增进剂"。语言系统也包括在其中。本书希望借用支架这一概念来表达的观点是:说话人在会话中使用话题结构的形式进行语言内容的组织,是一种语用策略,为自身的话语提供辅助性支撑和内容索引,并争取足够的时间来表达自己的会话内容。

因为本研究用的是会话语料,我们在对其中的话题结构进行观察分析时不可避免地会将会话的特点考虑进去。会话的特征包括了即时性、双向性、应变性、语境活动性等。与建构单向性交际的书面语篇相比,会话参与者在会话进行过程中所能获得的组织语言的时间十分有限,因此需要使用一些策略来争取更充分的时间为话语做好准备,并且维持自己在当下的发言地位。例如,Jaeger 和 Wasow(2006)认为,说话人在英语关系从句中使用关系词,是在没有做好准备时防止陷入沉默的策略性选择,而当说话人已经做好充分准备时,往往会省略关系词。与此相似,本书认为使用话题结构来组织语言也有类似的效果。当说话人在会话过程中已经得到了发言的机会,却没有做好充分的话语准备时,倾向于用话题结构的方式,先说出话题部分,在这期间以及其后的短暂停顿中为述题部分赢得话语时间,调整自己的话语,构建内容。在这种情况下,最常见的是说话人从会话参与另一方手中接过话语权时,会先重复对方最后发出的部分话语。重复的这部分话语内容就常常以话题的形式出现,在功能上类似于会话的支架,通过它为自己搭好平台,并争取时间来构建随后的话语。本书的语料中有不少这样的例子,我们可以通过具体的例子来进行观察。

(例1)

<sp1>：那我相信你们俩就是.会有很多很多故事。我们能不能先跟现场朋友先说一下,刚才说到的那个雪山忠魂的那个那个雕塑啊,那个是怎么.讲的是怎么样的一个故事?

→<sp2>：雪山忠魂这个故事呢…它最早来源于.那个资料来源是一个叫吴先恩的一个老红军写的一个回忆录叫党岭山上。1936年的2月,当时这个.红四方面军.这个.一个兵站部长呢叫吴部长,他带领一群红军战士在翻越党岭山,党岭山是那红军翻越的.呃大雪山之一。

(省)

(U1)

例1取自会话语料U1。在这段会话中,会话的一方sp1提出了问题,将自己的会话话轮结束,将话语权转移给另一方sp2。在当前的会话语境中,sp1刚刚在话语中提及了雪山忠魂雕塑,同时在询问其背后的故事,而几分钟之前,访谈的演播厅还播放了有关这一雕塑的视频信息,因此雪山忠魂雕塑及其背后存在感人故事这一点在会话双方认知中都应该是活跃的信息,已知性程度很高。如果按照前文阐述的已知性等级理论,sp2完全没有必要再用名词短语的方式对其进行指称,而是可以使用对应信息已知性程度高的简略语言形式进行表达,如代词。但是 sp2 却重复使用了这一形式,根据会话的省力原则,在可以用简略方式表达的时候选取复杂的形式,其背后应该有语用因素在起作用。

会话的另一方 sp2 在回答对方的提问时,需要讲述一个相当长的故事,在会话的准备时间上显得局促。因此,他采用的策略是对 sp1 话轮中的内容进行了部分的重复,将"雪山忠魂这个故事呢"作为单独的语调单位置于句首作为话题,首先示意自己已经明确在当下的话轮需要提供的信息,与此同时着手对后续的述题部分进行构建。从画线的左偏置结构小句可以清楚地看到,说话人 sp2 在重复 sp1 的部分话语作为话题的时候,在争取时间为自己后续的话语做好组织。这一点从述题中表现出来的会话修正行为可以得到佐证,在 sp2 说出"它最早来源于"时仍未做好充分的话语组织准备,因此马上又换了一种方式进行语言的组织,"那个资料来源是……"。因此,"雪山忠魂这个故事呢"作为话题,可以视为说话人 sp2 为自己的话轮搭建的支架,以话题作为支架对其后的话语进行支撑,并开始后文的叙述。

(例 2)

<sp1>:你的初恋在什么时候?

→<sp2>:<u>初恋啊就是说…真正有女朋友意义上的女朋友..那就是有有..对于我们来说…那时候就没有觉得..</u>只是喜欢她,然后跟她在一起跟她有一些.比较亲热的行为的话,可能应该是在初中。

(省)

(U2)

例 2 取自会话语料 U2。在这段话语中,会话一方提出了问题之后,另一方 sp2 听到了对方的提问,知道话轮转换到了自己一方,但是却没有为回答对方的问题完全做好准备。因此,在组织话语的时候,她①就下意识地先重复了对方的部分话语内容"初恋",说明已经了解对方的意图和期望知道的内容。对于述题的内容其实 sp2 还没有完全组织好语言进行表述,这可以从画线部分话语中 sp2 多次犹豫、进行会话修正并且穿插着解释的行为中看出。但是因为 sp2 先给出了"初恋"这一话题,并没有另起一个毫不相干的开头,所以无论她其后组织的话语是怎样凌乱无序,仍然很好地向对方显示了自己希望会话顺利推进的意愿。sp2 将其置于自己话语的开始作为话题,传达给对方进行会话合作的信息,同时开始以此为会话支架对其后的述题进行组织,在内容上提供与此相关的信息。

可以大胆假设,如果 sp2 不先给出话题用话题结构的方式组织话语,而是直接用沉默几秒钟的方式进行会话准备,可能会出现两种情况。一是沉默本身导致了会话的冷场,sp1 无法立刻了解对方合作的意图,可能会因此重新取回话语权开始自己的新话轮;二是 sp2 没有经过完全准备而组织出来的凌乱话语,会让对方在处理时付出更多的认知努力才能与先前的话语进行联系。因此,使用话题结构的组织方式,先给出话题,为之后述题的准备时间、内容构建以及会话合作意图的传递都提供了支架,也为对方识解述题内容提供信息索引。

从例 1、例 2 可以看出,话题体现了作为会话支架的三个方面的意义。第一,说话人借此向会话参与的对方示意自己接过了话

---

① 例 2 语段中,sp2 为访谈的同性恋嘉宾,因此是女性的"她"在谈论女朋友。

轮，理解了对方的会话意图，以此为基础推动会话的继续进行，同时也向对方传达了自己的合作意图。这一点体现了会话支架的互动性。第二，说话人以此作为话语内容构建的支撑点，围绕其组织话语内容，述题部分就是对话题进行的陈述，为话题增添相关的信息。第三，话题还为说话人的会话组织行为提供了支撑，说话人先给出话题部分，给予单独的语调单位，与此同时为述题内容的组织争取了时间，维护了自身的话语权。说话人在使用话题结构作为会话支架时，其特征是这样的话题结构都带有提顿词或停顿，或者两者兼有，而提顿词和停顿则很好地帮助了说话人争取时间整理思路、建构述题内容。

使用话题结构作为会话支架的语用策略，是与会话的特点紧密相关的，在书面的语篇中可能很难观察得到。这一点从下文语料中两个部分的对比研究可以看出。在本书的语料中，绝大多数是会话参与的几方在现场发出的话语，其中穿插了少量的背景视频中的旁白和解说。旁白与解说和现场话语有所不同，是事先准备好的语篇，由说话人念稿子进行录音之后与视频材料编辑在一起，因此这样的旁白与解说在性质上与现场会话不同，是单向性的、非即时性的且语境非活动性的。笔者大致上对旁白与解说中出现的话题结构小句与话题链的数量进行了统计。

表 5.7 呈现的是旁白及解说与现场对话中话题结构和话题链的数量统计。从表中可以看出，从绝对数字来看，各辑会话语料中现场对话的话题结构小句与话题链数量都远远多于旁白及解说中的数量。差距最小的是会话语料 U6，旁白与解说中话题结构小句与话题链数量为 17，而现场对话中数量为 42。笔者对这一会话语料进行了分析，发现在旁白与解说中，有一个汉语式话题结构小句在多次解说中重复出现，对节目内容进行提示与介绍。如果将这

个小句重复计算的数量减除,总体数量会有所减少。

表 5.7 旁白及解说与现场对话对比统计

话题结构小句及话题链数量					
会话语料	旁白及解说	现场对话	会话语料	旁白及解说	现场对话
U1	4	109	U7	3	58
U2	4	49	U8	2	48
U3	9	43	U9	5	89
U4	5	69	U10	0	36
U5	2	44	U11	0	68
U6	17	42	合计	51	655

当然,表 5.7 的统计并不十分科学,因为旁白及解说本身所占的时间与篇幅要比现场对话少很多。更科学的方法是将话题结构和话题链分别在旁白及解说与现场对话中占的比例进行比较。这一点对于旁白及解说并不困难,但是对于现场对话来说却比较困难,因为无计划的会话往往在小句的切分上界限不是很明确,尤其中间夹杂着许多破碎的、片段式的话语,难以对所有小句的总和做具体的计算,因此,本书没有对话题结构小句和话题链在两者中的比例进行比较。但是,表 5.7 的数据至少也已经体现了话题结构的使用在有准备的与无计划的、即时性的口语会话中的差别。

综合考虑即时性口语会话的特点,笔者认为话题结构的使用是说话人的一种交际策略,将其作为会话支架,以此传递交际合作意图,争取后续内容构建时间,并作为支撑对话语内容进行组织建构。

5.2.2 柔性会话控制

将话题结构作为控制话语的一种策略,同样与本书的语料特征密切相关。访谈参与者有着其自身的角色与任务,如主持人的角色使得他/她需要对场上会话的内容以及进程加以引导,调节场上人员与场下观众的互动,并调控嘉宾与观众的情绪,对整个访谈有着全局性的掌控。相比而言,嘉宾的角色使得他们的任务相对轻松,主要任务体现在对会话内容的贡献上,其他诸如调节情绪以及与观众互动等方面都围绕着主要任务展开。由于访谈通常在角色上存在着主、客关系,对会话的主动控制往往是由主持人这一方完成的,因此在访谈会话中主持人一方常常利用某种语言行为对会话进程加以调控。这样的调控往往不是直接的、粗鲁的,而是体现了一种柔性控制。话题结构的使用正是在很多时候起到了这样的作用,成为说话人对会话进行柔性控制的一种语用策略。

5.2.2.1 回声性互动控制

同样是考虑到会话的特征,笔者认为话题结构在会话中体现了对会话的回声性控制。笔者在这里借用的是 Bakhtin 理论中"多声"的概念。Bakhtin(1981)认为所有的语篇都具有互文性,都有指涉、回应,没有一句言语是孤立的。语言往往同时指向自身及他人的话语内容。这种多声的概念在会话中不难理解,会话中原本就具有多个参与者,而参与者在会话中发出话语建构内容,同时也是对其他参与者的话语内容以及态度的回应。在这样的多声会话中,说话人有的时候使用话题结构是作为对对方话语的回应,是一种回声性的反映。这种回声除了表示会话合作意图,示意自己在注意、倾听并理解对方的话语之外,还常常带有总结或确认的互动意义,并借此以缓和的方式推进话语的进程。

以下例3、例4是取自会话语料的两个例子：

（例3）

<sp1>：你那时候怎么会…就是失恋呢？既然你爱得这么＝..如痴如狂的。

<sp2>：就是，其实就是没有缘分，我觉得人….啊你没有办法..任何一个人和异性你都没法解释说，后来你们俩肯定是他特别不好(嗯)，或者你做了什么错事(嗯)。有缘，做多大错事都没事儿，啊都离不开(嗯)。啊有些夫妻一辈子打得很厉害，最终还是相伴到老的。A 没有缘分，大家就会找各种原因,啊当时[我×××]

→<sp1>：　　　　　　　　　　　B[所以]<u>失败的婚姻.人们能够讲特别多的原因</u>。(×××)

<sp2>：啊对,其实..[我不认为有原因]。

<sp3>：　　　　　　[其实没什么原因]。

(U4)①

例3取自会话语料U4。在这段会话中,嘉宾sp2在回答主持人sp1提出的问题时对"婚姻中的缘分"阐述自己的观点。sp2的说话特点是语速非常慢,边说边顿,同时与其他两方做眼神与身体姿势的交流,确认自己说话的内容。其间另外两位说话人sp1和sp3频频用"嗯"与点头的方式进行回应,体现了会话的多声性与

---

① 本段会话中为了突出显示说话人sp2话语长度,没有将对方的回应词"嗯"单独分开。

互文性。在 sp2 继续阐述她的观点并试图讲述自己的经历时,sp1 突然提高了声调从 sp2 手中抢过了话轮,并用画线部分的汉语式话题结构对 sp2 的话语进行了总结。这个话题结构小句可以认为是会话中回声的表现。由于嘉宾 sp2 的话语内容显得比较长,假如另外两位参与者仍然用点头和"嗯"的方式作为回应,任由她继续讲述她的个人经历,这种一方过长的话语会使访谈场面显得松散单调。主持人 sp1 不失时机地突然抢过话轮,用话题结构的形式对刚才的话语内容进行总结与确认,使得会话进程中双方的互动没有因为一方的话语过长而减弱。

从图 5.3 可以看出,话题结构小句 B"所以失败的婚姻.人们能够讲特别多的原因"与前一小句 A"没有缘分,大家就会找各种原因"相比,在音强上有着明显区别。在两个小句音强的对比图上沿着小句 A 的音强峰值画上一条横线,可以看出小句 B 的音强要明显强于小句 A。话题结构小句 B 的音强图中,垂直虚线左边的话题部分也比右边的述题部分音强更强,这可能也是话题结构的韵律特征之一。

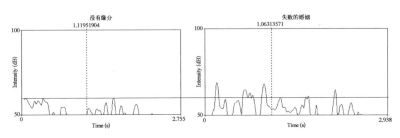

图 5.3　话题小句与前文小句音调强度对比

注:这里是对"没有缘分"与"失败的婚姻"所处小句的音强分析,并不单是这两个短语

此外,笔者观察视频发现,主持人在说出这个小句的同时,还突然伸出左手做出手势,将会话参与者的注意力吸引到自己身上。

sp1 使用话题结构小句的形式,配合比对方更高的音强,以及突然做出的手势,突出了自己想要表达的核心以及夺过话语权的意图,打乱了 sp2 原有的节奏,使得访谈的节奏置于自己的控制之下,非常有效地推动了会话的进程。因此,sp1 使用话题结构的形式是出于对话语进行引导与控制,将其作为对对方话语的回声性总结与确认,体现了自己对会话互动以及推进的柔性控制策略。

(例 4)

＜sp1＞:嗯,刘彦斌你甜的时候呢?

＜sp2＞:96 年开始啊,96 年那时候..自己开始用钱我觉得.自己给公司交完学费以后,喷我觉得这就..没问没问题了.自己以后。因为那时候中国真正懂股票的人很少,我 93 年开始做这个东西做得很早,然后 96 年就开始就碰到牛市嘛.一直到 2000 年...顺风顺水的..我们[赢利是]

→＜sp1＞: 　　　　　　　　　　　　[四年,][好日子]。

＜sp2＞: 　　　　　　　　　　　　　　　[四年,]做得非常非常好。

(U11)①

例 4 取自会话语料 U11。这段会话同样也是嘉宾 sp2 回答主持人 sp1 的问题。与前面的例 3 相反,这段会话中嘉宾 sp2 说话的特点是语速极快,话语中间停顿极短,使听话人觉得有种紧迫感

---

① 笔者认为画线的小句中"四年"在此并非时间状语,而是话题,因为如第 1 章的 1.1 小节所述,这一时间短语并不表示谓词行为发生的时空特征或伴随情况,而是指向具体的认知实体时,应视为话题。

与压力感,同时不容易理解他的话语内容。正是在这样的情况下,主持人 sp1 没有等嘉宾 sp2 完成他的话轮,就突然插话打断了他的话语。

我们观察这一段会话的视频信息,发现虽然与例 3 中的小句不同,说话人并没有突然明显地提高音调打断对方话语,但是,主持人 sp1 在说出这个话题结构小句时,同样突然将左手举起示意。这种突发的伴随话语的手势起到了很好的吸引注意力的效果,现场的观众以及说话人 sp2 的注意力都被主持人 sp1 的话语以及动作吸引。因此,同例 3 中的话题结构小句一样,例 4 中 sp1 的这个话题结构小句也打乱了 sp2 的节奏,提前结束了他的这一段叙述,但同时却完成了当前的交际意图。因此,sp1 采取的策略与例 3 主持人的策略相似,同样是使用话题结构来组织语言,以回声的形式体现了自己对会话互动以及对会话进程的柔性调控。

从例 3、例 4 中可以做一些总结,说话人选择话题结构小句的形式作为回声性话语,打断对方的话轮,使会话重归自己的控制。首先,对方的话语在某些方面与说话人的期望有异,如话语内容或者话语表达方式等。其次,话题结构能帮助实现这一意图有赖于它自身的特点。如第 2 章所述,话题结构的话题部分占据较独立的语调单位,话题与无标记的主语相比在音长、音高等方面都更为突出,更容易引起对方的注意,起到打断对方话轮的效果。在内容上,话题部分总是与对方话语直接相关,且往往是对方想表达的核心内容所在,可能是对方话语片段的同义重复,如例 3 中的"失败的婚姻"是对 sp2 的"没有缘分"的同义反复,也可能是对对方话语的总结,如例 4 中的"四年"是对 sp2 提到的"96 年就开始就碰到牛市嘛.一直到 2000 年"的总结。使用话题结构小句的形式,先提纲挈领地给出核心,与无标记的常规小句相比显得更为直接,相比之下也更有助于说话人实现对会话互动的柔性控制。

除此之外,还可以观察到的特点是,说话人在用话题结构打断对方话语实现对会话的控制时,往往伴随着一些其他方面的特征,如例3中音强的突然明显加重,以及例3、例4中都呈现的伴随手势动作等。这些特征在一定程度上有效地加强了话题部分的凸显效果,更方便了说话人意图的实现。

5.2.2.2 结构控制

除了上述用话题结构作为打断对方话语、争取话语权、实现对话语互动控制的交际策略之外,柔性控制还体现在以下两个方面:其一,访谈会话主持人一方以话题结构的形式转换议题,重新开启一个新议题。这与前一章节论述的内容有关,这类话题结构小句目的明确,在会话整体中显示出清晰的结构切分,属于起始话步。其二,与此相对的是,在继续讨论当前议题的维持话步中,访谈主持人一方也常用话题结构的形式组织语句,起到了既与上文联系密切,突出了连贯性,又同时能够就当前议题进行深入探讨,推进谈话深度的作用。在这种情况中的话题结构小句,比较常见的多为问句,或者在小句末端有着上扬的语调。

(例5)

<sp1>:你想离开农村吗?

<sp2>:嗯..当时.有点,因为我.中间这一段时间.曾经.找过我舅父。我舅父原来是陕西省水利厅的,呃但是我舅父那个人他..做事特别刚正。他包括他自己女儿和自己的儿子他都不照顾。这回希望破灭了,完了.我.这个事情我还跟我还跟我父亲我父亲说,我父亲就给我找了一个职

第5章 话题结构的语用分析

业说是.一个税务局当时找个临时工让我做饭去。我是一场痛哭,我坚决.坚决不做饭。

<sp1>：为什么?

<sp2>：就是说想当工人,想.想搞机械。

<sp1>：当时79年刚刚改革开放,之初,那个时候工人在整个社会上的地位是什么样的?

<sp2>：我当时还没考虑到什么地位,我就觉得.当工人.呃.比农民收入要好,当工人比农民要穿得好,当工人.当时也确实受人们尊敬。因为我小时候喜欢唱歌,我们工人有力量啊,什么移山填海像这个。就是没有唱我们农民有力量,我觉得是这样的。

→<sp1>：<u>那这次考试.结果是什么样的?</u> 要不要做什么样的准备?

<sp2>：考试结果出来以后,我和我弟弟.都被录取了。

<sp1>：没有人照顾?

(U6)

(例6)

<sp1>：在一般人的..印象里面,做工人.似乎很少与笔和纸去打交道。但是我们看到您这么多年以来做了大量的笔记,各方面的。一直在写.在记,为什么?

<sp2>：嗯.我觉得.就说为什么要要这样写笔记哈? 好像就是一种习惯。再是我自己感觉到就是.写这个笔记啊,嗯它能记录历史上的.历史上的好多东西,都.特别是我自己工作上的.呃事情.学习上的事情.生活上的事情。而且它有好多技术上的东西,隔.几年以后,它特别有些就说是=.那个经典的东西它能用得上。

→＜sp1＞：这作为一名工人,你觉得紧跟着知识的脚步不断往前走,它的必要.必要性是什么?

＜sp2＞：呃.因为在我们.我们这个电力.电.配电行业里边儿,也就是在铁路电力这个行业里面,它这个技术在.不断地更新。呃.它还不像这个架工线路一样。呃.有些新的东西出来以后,你要去不学的话,你就根本就不知道怎么回事。

(U6)

例5与例6都选自会话语料U6,两段会话的参与者相同,其中sp1是访谈主持人,而sp2则是受访嘉宾。两个例子之间有区别也有共同之处。例5中sp1使用话题结构的形式组织语言,将当前会话的议题从对方希望离开农村当工人这一点上进行了转移,转移到前文旁白中曾经提到的某次考试的结果上来。因为采用的是话题结构的形式,将先前会话中已经激活过的信息"这次考试"作为话题,以停顿的形式与之后的内容在语调单位上做出了分隔,同时在音高变化上也显示了与其他语句的不同处理。这样的语音特征有效地显示了说话人再次刻意地引入了与当前会话议题不同的内容,开启了新话步。之后的会话则围绕着考试的结果进行。

例6中sp1使用话题结构的形式,在话题部分对先前话轮中的话语先做出了总结性的内容,在之后的述题部分将谈论的内容往深处再推进了一层。在箭头所指话轮的前后,会话的议题没有发生转变，都是有关 sp2 在工作中不断学习的内容。值得注意的是，尽管画线的话题结构小句是嵌套在整个大的语句中的次结构，但它是整个语句中表达内容的主要部分。

这两个例子都是说话人使用话题结构对会话结构及进程进行调控的例子，其中有些共同点。首先，它们都是由访谈者发出的，而不是受访者。其次，它们都是以疑问句的句式表达的。我们经过整理后发现，访谈者在疑问句式中使用话题结构转换会话议题，或者将当前议题的讨论推向更深入，类似情况确实不少。语料中共计有 40 例疑问句式的话题结构，都是访谈主持人或者转移议题，或者推进讨论的情况。访谈主持一方的这种会话策略，使得会话的结构显得非常清晰。同时，前文所述的话题结构自身语音凸显的特点，也使得说话人在希望转换议题或更深入探讨议题时容易引起对方的注意，顺畅地实现对会话结构与深度的调整与控制。

从以上论述可以总结，使用话题结构对会话进程进行控制主要集中在访谈主持人一方的话语中。这与上文提到的访谈的突出特点是相关的。在会话访谈的主、客体双方中，由于角色的不同，承担的任务也不相同。控制会话进程、调节内容与气氛等任务主要都落在主持人一方。转换议题或确立新议题、推进会话深度通常也都是主持人发起的行为，作为客人一方的嘉宾则负担着提供相关信息的任务，但往往不主动转换议题。打断对方、争取话语权就更不适合嘉宾的角色，因为通常这样的行为会显得较有侵略性。前面两种情况下主持人使用的话题结构，往往以疑问句的句式呈现，而用话题结构打断对方话语的情况则往往是陈述句，带有总结和确认的意味，同时常常伴随着明显的身体活动，如手势，或者在语调上进行突出。

5.3 话题结构与礼貌策略

第4章曾经提到,Netz和Kuzar(2007)发现了一例话题结构小句表达委婉的感情色彩,他们将其归为话题结构的话语内容功能。对此本书持不同观点,笔者认为委婉的感情色彩是话题结构在表达上取得的语用效果,尤其体现了会话合作中说话人对会话礼貌原则的遵守,同时也是说话人遵循会话合作原则的反映。

Leech(1983:104-105)区分了四类语旨行为:竞争类、和谐类、合作类以及冲突类,同时还提出了包含策略准则、慷慨准则、赞扬准则、谦虚准则、赞同准则以及同情准则的礼貌原则。会话参与者在表达自己的观点态度时,即便是处于与另一方对抗的情况下,为了保证交际能顺利进行,也会采取礼貌的策略以最大限度地减少对方可能遭受的损失,保全对方的面子。礼貌原则中的策略准则就包括了"使他人受损最小"和"使他人受惠最大"二次则,慷慨准则包括"使自身受惠最小"和"使自身受损最大"二次则。(Leech,1983) Brown和Levinson(1978/2003)也提出了面子保全理论,提出交际双方用积极的或者消极的礼貌策略来减少面子损失,其中消极礼貌策略之一是规约性简洁表达(conventional indirectness)。

笔者在整理语料时发现,在某些情形下,说话人可以使用话题结构来进行委婉表达,以减少对对方面子的威胁或者阻碍交际顺利进行的可能。这种体现礼貌互动策略的话题结构使用,已有的文献中鲜有提及。当然,这可能也和本书的语料特征有关。如前文所述,语料中访谈双方具有主客体的角色区分,在对角色认同的同时也对访谈场合的行为准则有相当了解,因而在会话现场都会遵循使对方受损最小、受惠最大的策略准则。如果换成别的语料,由于时地场合的区别,也许未必有相同的发现。因而,本书下面总结的几个方面,只是对本研究语料中话题结构较为突出的礼貌性用法作一个粗略的呈现,并非对其互动策略作穷尽性总结,也可能不一定适用于其他语料。

5.3.1 间接回避

我们知道,根据会话分析理论,话语是有序的话轮组织,而话轮组织最基本的序列为相邻语对。比较常见的相邻语对包括问候/问候、提问/回答、邀请/接受(或拒绝)等。根据合作原则,参与会话的双方通常都清楚了解首选的语对及非首选的语对选择。例如,在会话一方提出邀请时,通常首选的回应是接受,而拒绝则是非首选的决定,如果另一方决定拒绝时,通常会将拒绝表达得不那么直截了当,从而可以在会话中显示出友善及配合。笔者在语料中发现,当会话一方需要选择非首选回应时,有时候会使用话题结构来进行委婉表达或者间接回避。使用话题结构的形式,一方面将话题部分紧扣对方话语的内容,表达了自己的会话合作意图,表示自己的确是围绕着对方的议题作出回答。另一方面,基于话题与述题之间的松散关系,说话人可以因此在述题部分表达边缘性的、不那么切中对方希望获取信息核心的内容。下面可以通过例7来了解说话人如何使用话题结构作为自己的礼貌性选择:

(例7)

<sp1>:你爱你到底是爱股票还是爱你老婆?

→<sp2>:我跟我老婆说了一句话在结婚之前,我说<u>你和股票,对我来说都是我一生中最重要的</u>,现在可能多了我儿子一个哈,但是我跟她说,你一辈子不能不让我做这个东西,我跟我老婆说,我老婆答应我说可以。
＜sp1＞:你没回答我的问题。
＜sp2＞:(0)啊
＜sp1＞:到底是爱股票还是爱老婆?

(U11)

例7取自会话语料U11。在该例中,说话人sp1提出"爱股票还是爱老婆"的问题,按照相邻语对的原则,听话人sp2应该对此作出直接回答,从这两个选择项中选择其中之一。当时说话人sp2的太太也在现场,他显然不希望自己的回答会引起不快或尴尬。因此,他作了"非首选"的决定,不直接回答sp1的提问,而是用间接的委婉的方式表明自己的态度,后文中sp1再一次发问,也证明了sp2的回答并没有作出相邻语对中的首选回应。箭头所指话轮中,说话人通过画线的话题化结构小句的形式,作为非首选的回应,用委婉的方法表达了有异于对方期待的回应。同时,这个话题结构小句从话题形式上看,似乎是对对方问题的正面回复,表达了礼貌的合作意图。

在此,说话人使用话题化小句也可以视为破坏了量原则而实现了委婉表达。说话人没有用常规的方式,直接从对方的提问中选择其一作为回答。如上文所述,话题结构中的话题往往表达的信息量比常规小句的主语要更大。说话人在可以选择简要明了的表达方式的时候,选择了更复杂的形式,违反了会话中的量原则,间接地表达出了非规约含义。因此,笔者认为说话人在此是使用话题结构的形式作为间接回避议题的消极礼貌策略。

5.3.2 表达敏感议题

除了在相邻语对作出非首选回应时选择话题结构小句,有时说话人在处理敏感议题时也会使用话题结构,希望能使自己的话语尽可能做到礼貌、不触犯隐私。由于话题结构的话题与述题之间意义上关系松散而又相互联系,说话人可以利用这一特征,不直接地表达出敏感的信息,而用曲折的方式让听话人自己对其间的联系进行推断。在这样的语境中,话题结构的使用可以让说话人达到婉转地表达敏感议题的目的。我们可以参看例8:

(例8)

<sp1>:啊.这位呢是飞鱼,也是网名,我们欢迎她。飞鱼是一个..出租车司机。呃=..开了多少年了?

<sp2>:我开车.是开了..有十一年了。

<sp1>:老司机了哈。

<sp2>:哎。

→<sp1>:呃..飞鱼的另外一个身份呢..她阿琪生活中的...嗯一对儿。在一起有多少年了?

<sp2>:没多久,半年多。

(U3)

例8取自会话语料U3。这是一个有关女同性恋的访谈节目,采访对象之一阿琪已经在台上接受了一段采访,而飞鱼则是刚刚上台接受采访。同性恋在我国仍然是比较敏感的社会话题,通常大家并不习惯于在公共场合谈论这样的现象。正因为如此,说话人sp1在介绍采访对象的时候采用了她的网名"飞鱼",而不是真名,这也体现出对访谈对象的一种保护。箭头所指的话轮中,说话人在介绍台上两位采访对象的关系时,并没有直截了当地使用类似"飞鱼是阿琪的同性恋人"或者"她俩是同性恋关系"这样的语句进行介绍。相反,说话人使用了画线的汉语式话题结构小句,以期委婉间接地表达两位女性在生活中是伴侣的关系,并同时体现了尊重。

同时可以注意到,说话人在表达这一语句时还出现了类似会话修正的现象,这进一步说明说话人在试图寻求当时的会话情景下最适切的方式进行表达。话题结构的使用在此使得说话人可以有效地回避可能会引致敏感或不快的表达,使访谈的语境适切性得以保证。笔者还在谈论金钱、恋爱、老人过世等敏感议题的会话语料中发现了类似的情况。说话人借助话题结构中话题与述题松散的关系取得理想的语用效果。这些情况说明,话题结构体现了说话人在面对敏感议题时尊重隐私、表达同感或理解的语用策略。

5.3.3 避免争议

说话人还会在谈及可能引起争议的内容时策略性地使用话题结构。何勇(1994)认为话题结构都是因为说话人犹豫或者语言不流畅造成的,而话题标记则是犹豫的标志。当然,笔者不同意这一观点。但是,在说话人在说出自己认为有可能引起争议的话语时,有时会使用话题结构,以期减缓表达的力度并缩小可能造成的负面影响。同时,这里头也不排除可能会有犹豫的因素存在。我们可以参看例9:

(例9)

<sp1>:这个不争气的哈哈哈哈,这小胖墩。

<sp2>：身上的血道子[你看]。

<sp3>：　　　　[这样]就不好玩了，[还是小时候好玩]。

→<sp2>：　　　　　　　　　　　　　[三个血道子…是我抓的]。

<sp1>：啊？[就身上你抓的]。

<sp3>：　　[哎哟，我的天哪]。

<sp1>：真狠哪，你还有工夫给他照相？[你照相]的时候，是怎么按下去快门的？

<sp3>：　　　　　　　　　　　　　　[亲妈]。

(U5)

例9取自会话语料U5。在这段话语的上文，说话人sp2先是谈及了她儿子小时候与她在某些方面的小冲突，而后三位说话人对"该不该打孩子"这一议题进行了探讨，她们三个人因为参与程度以及看待这一现象的角度不同而未取得一致意见。在当前话语中，现场屏幕显示了sp2儿子挨打后的照片，三人就此进行谈论，sp2对照片进行介绍时提到了照片上的三个血道子，她在箭头标识的话轮中主动承认这是她打孩子造成的，在此说话人使用了话题化结构。

可以推测，鉴于先前在"打孩子"问题上的不一致意见，说话人在说出这一话语时可以预测其内容可能会引起争议，甚至招致批评。因而，她在发出话语时使用话题化结构，有意地在语调单位上将话题与述题"是我抓的"作出分隔，表现出有些犹豫，希望以此弱化述题内容可能会带来的影响，从而寻求更顺畅的交流。

例9中，可以将说话人使用话题结构视为一种寻求和谐会话的策略。说话人下意识地将可能会引起争议的内容与话题隔开，推迟这一内容的表达，为可能会引起的意见冲突争取缓冲。

5.3.4 委婉异议

语料中笔者还发现说话人使用话题结构以表达委婉异议的例子。上文已经提到过，在会话双方进行交际互动时，会下意识地遵守交际的礼貌原则，使互相的面子损失达到最小。当交际双方的观点出现对抗时，话题结构有时可以有效地帮助说话人用婉转的方式表达出与对方的不同意见，而不至于像直接表示反对那样容易激化矛盾。我们可以看下面的例 10：

  (例 10)
   ＜sp1＞：可是我们大家也都看到了随着国学热的兴起有不少同学.都从原来的专业，转到了对国学的研究。其实如果一个学生.他可以保持住内心那份淡薄明智的情怀，这喧嚣当中的宁静未尝就保持不住。
 →＜sp2＞：好。<u>宁静是否能守住</u>..我们还是听听学生的话吧。当一位研究生说啊，读书都已经变成一种奢侈时，对方辩友你还能说大学是宁静的吗？
                (U9)

例 10 取自会话语料 U9。会话双方正在就"大学是否能守住宁静"进行辩论，辩论一方 sp1 的观点是"大学能守住宁静"，而另一方 sp2 持相反的观点"大学守不住宁静"。我们知道辩论属于对抗性的交际形式,但是即便在这样的情景下会话双方也会采取礼貌策略以照顾对方的面子需求。从例10箭头标识的话轮可以看到,当sp1表达了"宁静未尝保持不住"的观点时,另一方sp2没有对其进行直接反驳,而是用画线的小句表达了委婉的异议。画线的小句为汉语式话题结构,话题部分为谓词成分,说话人没有直接申明"宁静保持不住",而是将辩论议题"宁静是否能守住"作为有标记的话题置于句首,接着再通过述题"我们还是听听学生的话吧"来表明自己的立场与对方不一致,而这样的表达显得十分婉转,非常符合Brown和Levinson(1978)提出的较为克制的消极礼貌策略的特点。Netz和Kuzar(2007)在英语语料中也观察到一例类似用话题结构来表达委婉的异议情况,他们将这样的表达方式称为保护性分歧(hedged disagreement)。

以上这些是说话人使用话题结构作为礼貌性的互动策略的例子,基本上这种选择都与话题结构自身的特征紧密相关。例如,例7、例8以及例9中,说话人以话题结构的形式间接回避、表达敏感议题以及避免争议,利用的都是话题结构中话题与述题之间往往有间隔存在,也就是第2章论及的停顿。在这几种情况中,话题与述题之间的停顿很好地帮助说话人对自己即将表达的内容形成缓冲,以此实现间接或委婉的语用效果。例10中说话人以话题结构形式表示委婉异议,所依赖的是话题结构的话题与述题之间关系松散、无须在语义上有制约关系这一特征。因此,以上几种情况中,说话人对话题结构的使用,是基于对话题结构特征的理解与掌握而作出的策略性选择。

当然,上文所述主要是说话人从自身角度出发,为实现各种交际目的而使用话题结构作为礼貌性的语用策略,但是这样的语用策略是否能取得说话人期望的语用效果却要视会话另一方的反应而言。例如，上文的例 7 中，说话人作出了非首选相邻语对的决定，使用话题结构的方式间接回避了对方的问题。这是他出于自身的考虑而采取的策略。但是，听话人意识到了说话人以此规避了自己的提问，因而之前提问没有成功，于是直接向对方表示了"你没回答我的问题"，并重新明确了问题，再一次向对方发起提问"到底是爱股票还是爱老婆？"。在这种情况下，说话人先前希望回避议题的努力失败，他不得不重新面对对方的提问。同样，例 9 中说话人用话题结构的方式，刻意地推迟可能会引起争议的信息的表达。但即便是采用了这种策略，仍然引起了听话人对此的消极反应，招致了批评。因而，话题结构作为语用策略以达到某种交际目的，这主要是从说话人一方的角度出发而言，但是它未必能成功地实现说话人的意图。

5.4 本章小结

话题结构在会话中的使用是由于多种认知语用因素的作用而促成的。前人研究认为，对于引入新信息的话题结构来说，将新信息置于话题位置可以减轻听话人的认知负担。对于话题信息已知性程度高的话题结构，笔者的观点是，这些话题结构背后的主要动因是认知凸显的需求。结合对话题结构的语音特征以及话题信息量两个方面的分析，笔者反证了这一动因的存在。话题比无标记主语音高变化更突出，同时比小句内部的述题音高值总体要更高，符合突出表达的特征。此外，说话人倾向于将表现形式复杂、负载信息量大的语言单位以话题的形式给予较独立的位置，这样做可以减轻自己构建小句的认知努力，同时也减轻听话人对小句进行加工识解时的认知负担，符合认知规律。

话题结构的使用也反映了说话人的语用策略。从互动策略的角度来看，本书发现话题结构体现了说话人的会话支架需求。话题可以作为支架为说话人传递会话合作的意图、争取构建后续话语的时间，并为后续内容提供信息索引。这与会话的紧凑性和互动性的特点密切相关，同时体现了会话参与双方对会话合作原则与省力原则的遵守。此外，话题结构的使用还体现了说话人对会话的回声性互动控制，以及对会话结构和会话深度的调整与控制。话题结构的会话柔性控制策略，与访谈会话参与者的角色以及在会话中承担的不同任务紧密联系，充分体现了说话人对自身角色及互动策略选择的认知。

在会话进程中，说话人还可以在进行礼貌策略选择时使用话题结构，这有赖于话题与述题在语调单位以及语义上松散的关系。从语料中笔者发现，在希望回避相邻语对、间接回避议题、表达敏感议题或有争议议题以及表达异议时，使用话题结构可以帮助说话人实现委婉表达的语用效果。话题结构的使用可以有效地帮助说话人在不同情况下维持交际的顺畅进行，避免尴尬，照顾到对方的面子需求，使得会话和谐推进。

| 第 6 章 |

话题结构的认知阐释

对于在话语中不同类型语言结构体现出的特征与功能,有许多学者尝试从认知语言学的视角进行解释。认知语言观认为语言使用与认知的各维度密切相关,如记忆、注意、感知、推理等,在对语料进行详尽梳理的基础上,从认知的角度能够对许多跨语言的现象进行合理的解释(Schmid,2016;Stefanowitsch,2011)。例如,Westbury(2014)在刻画希伯来语左偏置结构时使用了认知语言学中的原型概念,认为可以用其来解释不同类型的左偏置结构句法语义特征背后的认知机制。本章将尝试运用认知语法中的概念对话题结构进行分析,探究话题结构生成与识解的认知动因。首先,对话题结构从整体上作出统一的解释,包容话题结构内部体现的差异。其次,对三种类别话题结构体现的差异,本章也将进行阐述。同时,尝试从认知的角度对前文的章节中归纳的话题结构的信息特征与话语功能提供解释。

第 6 章 话题结构的认知阐释

6.1 参照点图式

6.1.1 参照点

张旺熹(2006：1)认为语言研究的根本任务之一是语言的心理现实性,而关注"意义是如何形成的"这一问题,恰恰就涉及了语言的心理现实性,本质上是在探讨人们怎样看待外部世界这一心理特质问题。作为认知主体,人们以何种形式组织自己的语言表达思想,是以对应的心理存在为基础的,而认知正是反映内在心理过程的。

认知语言学的哲学基础是体验哲学。(Lakoff & Johnson,1999)现在的认知语言学研究包括认知语义学、认知语法、认知功能语法等分支。其中,认知语法也是根据体验哲学观揭示人类的感知经验,在此基础上建构概念图示,形成对语言结构的约束机制,从而为语法构造寻找概念上和经验上的理据。(王寅,2001)因此,本书将从认知语法中寻找话题结构的认知理据,希望对话题结构实现更深层次的理解。

本书在对话题结构进行认知分析时,主要依据的是 Langacker(1986,1987,1999)的认知语法中的观点。认知语法的一大优点是它可以对句法的多样性进行统一的解释,有很强的包容能力,同时还可以揭示多样性背后的认知动因。认知语法的基本概念包括了话语空间、行为链、能量转换、角色原型、视角、凸显等一系列概念。本书不会涉及所有这些概念,主要会用到的概念为当前话语空间、参照点及凸显。本书认为,话题结构的认知原理可以用认知语法中的参照点理论作出基本解释。

认知语法认为,人们作为认知主体的一个基本的认知能力是可以通过一个实体概念建立对另一个概念的心理接触。(高原,

2003：54)这一作为认知媒介的实体概念就是认知中的参照点。例如,在短语 the baby's smile 中,处理者可以以 baby 作为参照点,建立起对 smile 的接触,反过来却不行。在参照点的图式中,通常包括了处理者(conceptualizer)、领地/知识域(dominion)、参照点(reference point)、目标(target)以及心理路径这些基本要素。处理者 C 将某一已认知的实体作为参照点 R,与目标 T 建立心理接触(mental contact),通过已知的某一参照点而可及的实体集合构成了这个参照点的领地/知识域 D。(Langacker,1993)参照点的基本图式如图 6.1 所示：

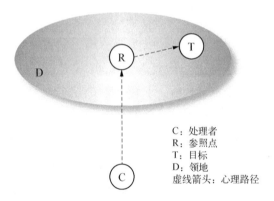

C：处理者
R：参照点
T：目标
D：领地
虚线箭头：心理路径

图 6.1　参照点图示

参照点与目标之间的关系可以是多种多样的,如领属关系、部分/整体关系、上下义关系等。处理者在通过参照点与目标建立心理接触的过程中,有很多因素会参与到这一认知过程中来,如百科知识、语境知识、认知主体的认知经验等。

6.1.2　话题结构的参照点图式

在参照点理论中,作为认知主体实现与某一实体概念心理接

第6章 话题结构的认知阐释

触的认知媒介,参照点的确定是动态的,并不由某一固定的成分充当。Ziv(1994)认为,当语篇中新出现的指称对象置于句子的开头以便减轻处理者负担的时候,句首位置的成分就成为参照点。通常学者们认为在无标记 SVO 小句中,主语较易成为参照点。

综合前面章节的论述,话题结构的语用动因之一是因为话题信息的已知性程度相对比主语低、信息量大,置于句首可以对其实现凸显,对于会话双方而言都可以减轻对其进行加工的认知努力。王寅(1999)也提出,人们对事件进行认知时有许多思维单位,话题相当于思维的起始点。我们用小句的形式来理解,在话题结构中,话题往往代替无标记主语成为参照点,话题是整个小句后续内容的参照点。

话题结构中,话题所激活的领地/知识域内,处理者以话题为参照点,而实现心理接触的并不是另外一个实体,正是述题这一命题。因此,述题作为一个整体成为话题所管辖的领地中的认知目标。话题结构的参照点图式可以用图 6.2 来表示:

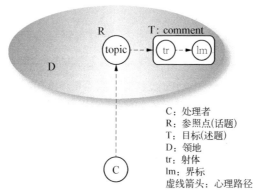

C:处理者
R:参照点(话题)
T:目标(述题)
D:领地
tr:射体
lm:界标
虚线箭头:心理路径

图 6.2　话题结构参照点图式

图 6.2 说明，在说话人构建某一个话题结构小句时，在话题激活的领地中，话题是认知参照点，而目标则是述题这整个命题，在述题中又有着其自身内部的射体(trajector)与界标(landmark)。射体和界标的概念，是图形/背景理论更具体的表现。在关系表达式中，射体指的是结构中最为凸显的实体，是图形，而界标则指的是结构中的其他实体，即背景。此处需要引入射体/界标这一组概念，原因是笔者接下来要对几类不同的话题结构进行对比阐释。

在话题所能激活的知识域中，实际上可以同时存在很多个认知目标，本研究涉及的话题链就是很好的例子。在说话人使用话题链句子时，几个小句共同分享同一个话题，也就是说，话题这一认知参照点激发的知识域中同时存在着多个认知目标，而这多个目标都是对同一个参照点进行阐述的述题。因此，如果用参照点图示来表示话题链，那么在领地 D 中，有多个源自同一个参照点 R（话题）的心理路径指向多个目标 T（多个述题）。

作为认知参照点 R，话题也可以有多样的形式，大多数话题都是名词性的成分，但是也有些话题是谓词性的小句成分，但无论是何种性质的话题，都不影响处理者以此为参照点实现对目标述题的认知过程。

因此，依照认知参照点的理论，可以将话题化结构、左偏置结构、汉语式话题结构以及话题链都涵盖进去，进行统一的解释。同时这一模型也可以对不同的话题形式实现统一的解释，因为不同形式的话题在知识域中的认知角色是相同的，同样都是认知参照点。

下面可以通过例 1 来进行更具体的理解：

(例 1)

→ <sp1>：(省)

第6章　话题结构的认知阐释

而我们中国的大学大家都在忙忙碌碌的,但是你到了教室的话,老师和学生.没有对话。老师.到了这个研究.呃中心的话,大家争论不是太激烈,到了这个.老.校长跟行跟这个行政跟大家讨论.教授讨.开会的时候,成了校长一个人单独在.就是.大家就听着发言校学校。就给人一种概念就说..**A** <u>我们的宁.这个这个热热闹和这个宁静.和国外的宁静和这个.学术上的热闹的话,两个刚好就是.倒过来了</u>。

<sp2>: 所以我相信这一点应该.也是.纪校长目前的一个思考和追求。因为我们知道,您一直都强调.大学应该有宁静这样的一种意境。来,我们在下面的这个短片当中来了解一下。

→ <sp3>: 2007年11月12日,人民日报刊登了一篇中国人民大学校长纪宝成的文章变革时代呼唤宁静校园,引起了广泛热议。有人对纪宝成文章中提出的宁静是大学的一种境界深表赞同。而有人则认为,**B** <u>这种宁静的境界今天的大学根本无法达到</u>。**C** <u>信息的密集和爆炸,世界变得喧嚣而充满了诱惑</u>。大学,真的能够成为一片真空地带,守住象牙塔里的那份宁静吗?

(U9)

例1取自会话语料U9。箭头所指的话轮中,有三个画线的句子,A为左偏置结构小句,B为话题化结构小句,C则是汉语式话题结构小句。笔者以这三个小句为例用上文论述的认知参照点模

213

型进行解释。A小句中,认知参照点是话题"我们的宁.这个这个热热闹和这个宁静.和国外的宁静和这个.学术上的热闹",当前话语空间中,它的辖域内的认知目标是"两个刚好就是.倒过来了"。B小句中,话题"这种宁静的境界"是认知参照点,认知目标是"今天的大学根本无法达到"这一述题。C小句中,话题"信息的密集和爆炸"是认知参照点,述题"世界变得喧嚣而充满了诱惑"是认知目标。三种话题结构小句的认知模型都是从参照点到认知目标的心理接触。

以认知参照点理论为依据,还可以解释第3章中有关话题结构信息特征的结论。话题结构中,话题的已知性等级往往都比较高,处于激活的信息认知状态的话题占了很高的比例,而已知性程度低的类指的话题比例较低。以参照点的模型来理解,由于话题结构中的话题是实现对述题认知的参照点,作为触发认知过程的参照点,因此它本身应该是清晰的、容易感知的。如果参照点本身是模糊不清的,在处理者大脑认知中状态不活跃,那么处理者就很难通过它再实现对目标的心理接触。因此,认知参照点的角色必然要求话题的信息认知状态较为活跃、已知性程度高。

我们还可以结合认知语法中凸显的观点来进行解释。射体为侧重关系中的主要图形,是人们着重要描述的部分,是行为链中最先引起人注意的起始点,人们在此基础上建立起侧重关系的整个概念。(张辉、齐振海,2004)因此,在无标记的小句中,主语和宾语分别是射体和界标。在话题结构中,如果将整个话题结构视为一个整体来看待,话题部分是被凸显的部分,是处理者对小句其余部分进行识解的基础,是小句进行描述的核心,也是人们建立起整个小句关系的基础。那么从话题结构小句整体的视角来看,话题是参照点,同时也是话题结构小句中的射体。作为小句中被凸显的射体,同样要求话题本身是存在在处理者认知中结构清晰的完形。因此,无论是作为认知参照点,还是作为小句整体中的射体,话题在认知过程中承担的角色都要求它在处理者大脑中的认知状态是清楚的、活跃度高的,而这与第 3 章阐述的话题结构的信息特征是一致的。因此,即便是类指的信息在小句中做话题,因为它的认知参照点与射体的角色,在会话中它也会表达出强烈的有定倾向。

从例 1 中的示例可以看出,虽然话题结构以及话题链整体的认知参照点模式是相同的,都是从认知参照点话题到认知目标述题的心理接触实现过程,但是三类不同的话题结构仍然是存在差异的,这差异就在于认知目标述题部分与参照点话题之间的联系方式有所区别。接下来的小节会对三类话题结构的认知过程分别作出解释。话题化结构与左偏置结构之间较为相似,似乎区别只在于述题中回指成分有无语言形式上的表达,因此笔者将这两类话题结构在同一个小节中进行对比分析。汉语式话题结构与话题链则进行单独分析。

当然,在会话开展过程中,参照点是不断更新变化的,因此上述图式只是针对话题小句内部的认知阐释。下文还会对动态的会话进展进行分析。

6.2 话题结构各类别的认知分析

6.2.1 话题化结构与左偏置结构的认知对比分析

第 1 章在介绍话题结构小句时,对话题化结构与左偏置结构之间的差别做了介绍。在这两种类型的话题结构小句中,话题都与述题中的某个位置相关联,所不同的是,话题化结构小句的述题中与话题相关的位置上是一个空位,或者说是空语类,没有具体的语形和语音对话题实现回指,而左偏置结构小句的述题中与话题相关的位置上则是有具体语言形式回指话题的。对于话题化结构与左偏置结构的这种差别,Langacker 用射体/界标理论进行了分析。我们可以先看他所用的英文例子:

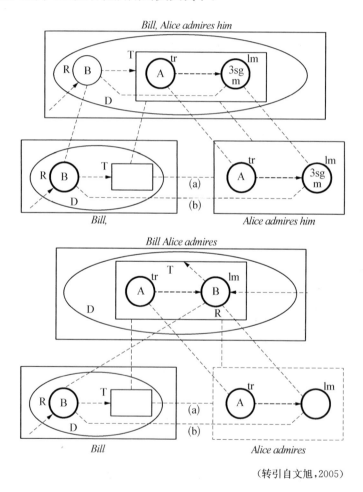

(转引自文旭,2005)

第 6 章 话题结构的认知阐释

上图使用的例子为左偏置结构小句,而下图则是话题化结构小句。两幅图中 B 都代表话题 Bill,R 是认知参照点,T 为目标,tr 为射体,lm 是界标,虚线为心理路径,3sg 表示第三人称单数,(a) 与(b)表示相关联的部分,如右下方的整个小图与左下方小图中的认知目标 T 相关。在左偏置结构的认知过程中,话题 Bill 是认知参照点,处理者要通过它实现对知识域中的认知目标的心理接触,在上图的左下方的小图中,认知目标为空。小句"Alice admires him"中,主语 Alice 是射体,而界标则是第三人称单数的宾语形式,这两者是小句中的主要参与者,上图右下方的小图刻画了这一小句的整个行为链。在上图上方的当前话语空间中,通过话题 Bill 与述题的叠合,述题成了话题激活的知识域中的认知目标,处理者能较轻松地以话题为参照点实现对述题的认知,并且将述题中的第三人称单数形式的语言表达式与话题相联系,完成了对这一左偏置结构小句的识解。

下图则是话题化结构小句的认知图示,左下方的小图中以话题为参照点,它所激活的知识域中,需要实现心理接触的认知目标为空。右下方的小图中,主语 Alice 是射体,而界标宾语则为空。将话题与述题叠合后,在当前话语空间,虽然 Bill 仍然处于话题的位置,但事实上它也承担了界标的角色,也就是说,Bill 既是知识域中的认知参照点,也是述题部分的界标,从射体 Alice 到界标这一心理路径与行为链并没有发生改变。从图示可以看出,左偏置结构的图示中,话题与述题叠合之后中当前话语空间仍然有话题和述题两个认知实体,两个实体间发生了联系;与此不同的是,话题化结构的图示中,当前话语空间只有话题结构小句作为整体这一个认知实体,只不过在这个认知实体中,作为界标的宾语由于同时也是认知参照点而在位置上发生了变化。

以上是射体/界标理论对左偏置结构与话题化结构所作的认知分析,所采用的例子中述题的宾语位置与话题相关联。话题化结构与左偏置结构中,如果述题部分与话题相关的位置处于主语,我们也同样可以用类似上文的分析作出解释。如图6.3所示。

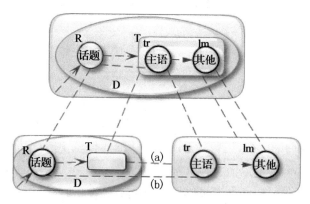

左偏置结构述题主语回指话题

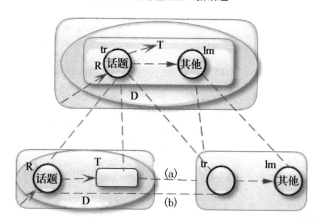

主语突显话题化结构

图6.3 话题与述题主语位置相关的左偏置结构与话题化结构认知图式

图6.3是对两类话题结构中话题与述题的主语位置产生关联

第 6 章　话题结构的认知阐释

的认知阐释,与上文论及述题宾语位置与话题产生关联的认知过程相似,左偏置结构的话题与述题部分叠合了之后,在当前话语空间仍然存在两个认知实体,话题为参照点,述题为认知目标,话题与述题中的主语相关。话题化结构小句述题部分的射体为空,话题与述题部分叠合了之后,在当前话语空间形成了一个整体式的认知过程,其中话题承担了认知参照点和射体的双重角色。从以上对这两类话题结构进行的分析来看,两者之间最主要的区别在于,在当前话语空间,话题化结构中的话题在知识域中承担了双重的认知角色,而左偏置结构中的话题与述题在知识域中相对独立又互相关联。

(例 2)

→＜sp＞:欢迎大家来实话实说。最近我身边出现了两群人,有一群人口头挂着这样的口头语叫勇者无惧,**A** 另外一群人呢,呃他们也有他们自己的口头语叫见好就收。**B** 这两群人呢就是新股民和老股民。新股民见到老股民们就会说,唉你们胆子太小了。老股民见到新股民们就会说,嗨牛市熊市挣钱赔钱我们都经历过了,你们还嫩着呢。(省)

(U11)

　　例 2 这一语段中有两个话题结构小句,A 为左偏置结构小句,B 为话题化结构小句,两个小句的话题都是与述题的主语位置相关。我们可以用上文图 6.3 的认知图式对两个话题结构小句作出认知阐释。A 小句中"另外一群人"是认知参照点,在它激活的知识域中,目标为述题"他们也有他们自己的口头语",其中"他们"是射体,"口头语"是界标。当处理者通过参照点实现对目标的心理接触时,会将参照点与述题中的射体"他们"进行关联,实现对它的识解。B小句中的参照点是"这两群人",目标为"就是新股民和老股民",在目标这个命题中,射体为零形式,而界标为"新股民和老股民"。处理者在通过参照点实现对目标的心理接触过程中,参照点与目标中零形式的射体实现了叠合。处理者在对目标进行识解时,参照点同时又承担了射体的角色。因此,B小句中的话题在小句识解过程中承担了双重角色,而A小句中的话题则只是与述题中的射体形成了关联。

在这里可以回顾一下第2章语料统计中的一个现象,左偏置结构与话题化结构中,话题与述题中主语位置关联的频率大大地高于与宾语位置关联的情况。具体来讲,话题化结构中,两种次类别主语突显结构与宾语前置结构比例相差悬殊,前者占77.2%,后者为22.8%。左偏置结构中话题与述题主语相关的情况占80.3%,与宾语相关的仅占12.0%。基于上述左偏置结构与话题化结构的认知分析,我们可以尝试对此进行阐释。

话题化结构的认知识解过程中,话题承担着参照点的角色,同时还承担了目标中射体或者界标的角色。如上文所述,参照点与射体的角色较为类似,都是小句行为链中图形的具体化。因此,当参照点同时承担射体的角色时,由于两者都属于图形,它们之间的共同性质使得处理者容易将其进行叠合处理。相反,如果参照点同时承担的是界标的角色,情况会有差别。界标是背景的具体化,是衬托射体的部分,不像图形那样具有清晰的结构,而是相对模糊的,因此,作为背景的界标与作为图形的参照点本身带有冲突的性质。当话题化结构的话题与述题中宾语的位置相关时,话题与宾语作为图形和背景携带冲突性特征,而话题却要同时承担这两个角色,因此对处理者来说需要付出更多的认知努力。左偏置结构也是一样,当参照点与述题中的射体主语相关联时,由于两者作为图形的相同特征,处理者将其关联的认知努力较小;当参照点与述题中的界标宾语相关时,由于两者分别是图形与背景的角色,使得处理者在识解时需要付出额外的认知努力将其进行关联。这就可以解释为什么话题与述题的宾语位置相关远少于与主语位置相关的情况。

语料中,话题化结构的述题回指话题的空位或者在主语位置,或者在宾语位置,刚才我们已经对两种情况都进行了分析,同时对左偏置结构中两种相应的情况我们也进行了分析。语料中有11例左偏置结构,其述题中回指话题的语言成分不在主语或宾语位置,而是某实体的领属语或修饰语。从认知识解的过程上来看,这类情况与回指成分在述题中做主语或宾语也是相似的。在当前话语空间,话题与述题部分叠合,话题作为知识域中的认知参照点,述题为认知目标,同时,话题与述题中某实体的领属成分或修饰成分产生关联。

在本书的会话语料中,话题化结构与左偏置结构只包括了上述的三种情况:与话题相关的成分在述题的主语、宾语或领属语/修饰语的位置。从语言形式上看,两类话题结构之间的区别只在于述题中回指话题的位置有无语言形式体现,但从上文的认知分析来看,这两类结构所涉及的认知过程是不同的。这种认知过程的差别主要就体现在,左偏置结构中参照点与目标中的某一实体发生了直接的关联,而话题化结构中的参照点同时还承担了目标中的射体或界标角色,在认知过程中具有双重意义。

6.2.2 汉语式话题结构的认知分析

汉语式话题结构与上述两类话题结构有所不同,区别在于话题与述题中的任何位置都无直接关联,两者之间关系显得非常松散。但是,我们同样可以用参照点模式以及射体/界标理论对它进行刻画。笔者在此以上文例 1 中的 C 小句为例加以分析,以下重新编号为例 3:

(例 3)

→ ＜sp＞:2007 年 11 月 12 日,人民日报刊登了一篇中国人民大学校长纪宝成的文章变革时代呼唤宁静校园,引起了广泛热议。有人对纪宝成文章中提出的宁静是大学的一种境界深表赞同。而有人则认为,这种宁静的境界今天的大学根本无法达到。<u>信息的密集和爆炸,世界变得喧嚣而充满了诱惑</u>。大学,真的能够成为一片真空地带,守住象牙塔里的那份宁静吗?

(U9)

例 3 中画线标识的小句为汉语式话题结构,与上文所述的另外两类话题结构有所不同,该小句的话题"信息的密集和爆炸"与述题"世界变得喧嚣而充满了诱惑"中的谓词无直接语义联系,与其他位置也并不直接关联。对处理者来说,除了经由话题作为参照点对目标述题进行认知之外,还需要对两者之间的关联进行推理与判断。对两者之间关系的推理是在参照点所激活的知识域中进行的,而推理的依据是话语的关联性。关联理论认为,明示——推理的交际行为传递了最大关联的假设。(Sperber & Wilson,2001:158)说话人通过话语传递某种意图,这种假设必定是最大关联的假设。也就是说,即便说话人的话语形式表面不相关,背后仍然有其交际关联性,只是这种关联是某种隐含的行为,需要听话人进行推理才能得出。例3的汉语式话题结构中,参照点与目标之间关系松散,但是基于关联理论,可以推断例3中参照点与目标之间存在某种关联性。在联系了认知语境之后,大致上可以推断它们之间存在因果关系或者伴随关系。第2章中描述了汉语式话题结构的各种类别,例3的画线小句属于背景式的汉语式话题结构,因为话题"信息的密集和爆炸"可视作为述题部分提供了相关的背景信息。

与上文对其他两类话题结构的认知阐释相同的是,对处理者来说,汉语式话题结构中的话题是认知参照点,在这一参照点所能激活的知识域中,同样是述题这整个命题是处理者经由参照点而实现心理接触的认知目标。但是,上文对左偏置结构与话题化结构的认知阐释的共同特点是参照点和目标之间的联系是直接的、显而易见的。与此不同的是,汉语式话题结构的认知分析中,参照点和目标之间的联系并不是明示的,在途经参照点达到目标的过程中,处理者需要基于自己的认知经验调动更多的知识,才能实现对目标的认知并且理解参照点与目标之间的关联。例3中汉语式话题结构小句的参照点可以视为是为目标提供相关背景信息。

除了这样的情况之外,如第2章所述,话题还可以是述题中某一成分的领属成分,也可以界定述题陈述的范围,或者标识述题陈述的对象,也可能还有其他本文未作归类的话题与述题之间的关系类别。无论是上述哪一种情况,参照点话题与认知目标述题之间的联系不是明示的、显而易见的,这一点是汉语式话题结构的统一特征。因此,笔者用图 6.4 的图式对汉语式话题结构的参照点模式进行统一的解释。

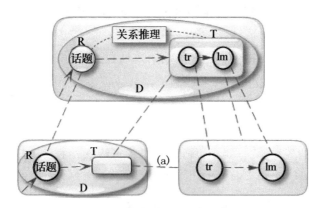

图 6.4　汉语式话题结构参照点图式

图 6.4 与左偏置结构和话题化结构的参照点图式主要区别在于,参与者在以话题为参照点与述题这一目标实现心理接触时,还需要对话题与述题之间的非明示关联进行推理认知。

6.2.3　话题链的认知分析

话题链的特征为多个述题共享同一话题。如果我们将每一个述题都视为一个单独的小句,对话题链的识解则反映了当前话语空间的动态建构过程。如前文所述,随着会话的展开与推进,当前话语空间不断得到更新。在话题链的识解中,话题同样是认知参照点,但是在每一个得到更新的当前话语空间,经由这一参照点都可以达到新的认知目标,而所有的这些认知目标都共享同一个参照点,由此形成了话题链。例如,我们可以对下面的话题链例子进行分析:

第6章 话题结构的认知阐释

（例4）

→＜sp＞：当大学校长最重要的事情到底是不是找钱？我方认为是。因为.无论是解决债务问题，还是为了长远发展，资金对于现今高等教育而言，都是非常重要的。<u>社会更多元化资金的流入，一方面是高校打造优秀软件和硬件设施的基础，另一方面它更是吸引人才、培养人才、留住人才的先决条件。</u>因而找钱能促进大楼的建设、大师的培养，更是成就大器的保证。

(U9)

例4取自会话语料U9。画线的句子是一个话题链句子，其中"社会更多元化资金的流入"是话题，为后面的两个述题共享。那么在话题与第一个述题所建构的当前话语空间中，话题是参照点，而述题是认知目标。在第二个述题对当前话语空间进行更新时，参照点从前面的话语空间延续了过来，仍然是参照点，而认知目标则是新的述题小句。这里需要注意的是，参照点与知识域中多个目标之间的关联并不一定相同，处理者需要在认知过程中为参照点与每个目标单独建立联系，而不是使用统一的模式。例如，在例4中，处理者经由参照点实现与第一个认知目标的心理接触时，参照点在认知过程中同时还承担了目标中射体的角色。之后，处理者又通过参照点实现与第二个认知目标的心理接触，这时参照点与目标中的射体相关联。因此，参照点与其知识域中不同认知目标之间的关联方式不同。

我们可以根据Langacker(2001)给出的当前话语空间更新模型，对话题链的认知加工过程进行刻画。当前话语空间(current discourse space)包括的是会话参与双方共同拥有的知识,对于双方来说都是活跃的、可随时获得的知识,也是在会话当下双方通过交际互动构建的知识。Langacker(1999：265)指出,当前话语空间并不是一成不变的,随着话语的推进,新的信息会不断地加入当前话语空间,成为已知的信息,而新信息往往是通过某个支撑点加入话语空间的。正因为如此,当前话语空间随着会话的深入在不断得以扩大。在当前话语空间(CDS)更新模型中,当前注意力框架中的话语空间为 0,是注意力焦点框架,此前的空间以减号"－"标识,而随后的空间则用加号"＋"标识。

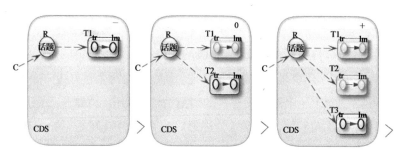

图 6.5　话题链的当前话语空间更新图式

笔者用图 6.5 的图式对例 8 进行解释,在第一个话语空间中,处理者通过话题实现了对第一个述题的心理接触,这些信息延续到了第二个话语空间,在此话题仍然是参照点,而相比前一个述题,第二个述题在当前空间中得以动态凸显。

在图 6.5 中,我们在当前话语空间中省略了前面几个图中都有的知识域 D,事实上,图 6.5 的这些更新也都是在话题所激活的知识域中进行的,认知目标述题是话题知识域中的可及目标。图 6.5 话题链的当前话语空间更新可以延续下去,视话题链中的话题所管辖述题的多少而定。当然,由于人的认知能力有限,随着当前话语空间中不断有新信息加入,旧信息也会慢慢模糊化。

6.3 会话推进中的话题结构动态认知

以上都是对话题结构小句本身所做的认知分析,如果将话题结构置于动态展开的会话中进行刻画,会有多种多样的情况,每一个话题结构小句的话题在先前话语中的信息认知状态以及在后续话语中的接续情况都不尽相同。

如果以第 3 章与第 4 章的研究为基础,我们可以做一个大概的总结:大多数话题结构的话题在先前的话语中是活跃的,并且也在后续会话中得到了延续;话题延续的语言形式是多样的,并且话题在后续话语中承担的角色也是多样的,可以是话题、主语、宾语或者其他;话题在会话内容上与话语中的其他实体形成了各种不同的逻辑关系。以此为基础,我们可以尝试用当前话语空间更新的图式刻画话题结构在动态会话中的贡献。

上文在对图 6.5 进行解释时提到,当前话语空间的更新是会话信息不断加入话语空间的过程,但是,由于人的认知加工能力有限,随着话语空间的不断更新,在当前话语空间不活跃的信息渐渐地退出了空间。有的时候话语空间中的一些关键信息得以在人的大脑认知中保存,但很有可能这些信息在先前的话语空间中得以呈现的语言形式却很快被忘记,话语空间中只保存了信息本身。(Langacker,2001)因此,话题结构在会话动态推进中的贡献可以用图 6.6 的图式来标识。

按照 Langacker(1999,2001)的观点,我们在图 6.6 的-CDS 以及+CDS 两个话语空间中略去了语言形式的表达,只保留了语言形式所携带的信息本身。从图中可以观察在 0CDS 中话题结构

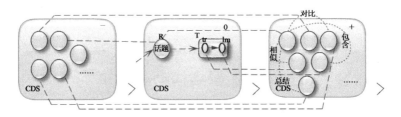

图 6.6　当前话语空间更新过程中的话题结构信息传递

对于-CDS中的信息的承接,以及在+CDS中话题结构的信息接续。图中没有标识处理者,实际上话语空间的处理者包括了说话人与听话人双方,并且不断更新的话语空间对于双方来说是共享的空间。基于本文前面章节的研究结论,绝大部分话题结构的话题都与-CDS中的某实体信息相关,并且大多数话题结构信息在+CDS中得到接续,也就是与+CDS中的某实体信息也相关,述题部分的信息也同样可能在+CDS中呈现。那么,-CDS中的信息加上话题结构负载的信息大多都能在+CDS中呈现,当然也可能有信息就此隐去。对上述信息之间的联系用长虚线来标识,而用短虚线标识的是+CDS中话题与其他信息在话语内容方面形成的逻辑关系,如第4章所述。当然,逻辑关系绝不仅仅限于图式中标识的这几种,应该还有更为丰富的关系存在。

我们可以通过例子进行具体的理解:

(例5)

<sp1>:现在这个股市热啊,我也来掺和掺和。那天,我直接够奔那证券大厅,刚到门口。((被人拉住))喂

<sp2>:新股民吧?

<sp1>:嘁.我还没去呢,我就新

<sp2>：瞅你这个样.穿个绿背心＝？就来看股来了？
<sp1>：呃怎么.绿的怎么了？
<sp2>：绿的怎么了,绿的就是跌了。
<sp1>：那那么多穿绿衣服的呢。
<sp2>：都跌,你问问跌不跌？
<sp1>：行,不懂,你就在这跌着,我进去看看,行吗？
<sp2>：((拉人))回来。屁股上还别个熊？
<sp1>：熊怎么了呀？熊是我女朋友给我的。这＝((被捂嘴))
<sp2>：呸,呸
<sp1>：为什么呸啊。
→<sp2>：<u>这个熊市它不吉利啊</u>。啊,它不吉利。真正的老股民,
<sp1>：嗯。
<sp2>：都得像我这个样的。
<sp1>：你是什么样？
<sp2>：((拍胸脯))都跟牛沾边儿啊。@@@@((鼓掌))
<sp1>：我懂了,谢谢你,牛大爷,
<sp2>：嗯＝
<sp1>：我里边了。我就进了这个证券大厅,我一进来一看。人呐....就跟春节期间那火车站似的。这边儿.好多.电脑。

(U11)

例 9 是取自会话语料 U11 的一个语段,在访谈现场由两个人表演新股民和老股民相遇的情景。在会话中 sp2 提到了对方身上

别着的熊,并在箭头标识的话轮经由语音的相似间接激活了"熊市"。在画线小句,处理者可以以此为参照点,实现与目标"它不吉利"的心理接触。

我们可以看到,随着会话推进,不断有信息加入话语空间,如"股市""证券大厅""门口""新股民""绿背心"等。如果我们将画线小句的话语空间视为0CDS,那么这些信息都是-CDS中的信息,它们的活跃度各自有所差别。按照图6.6的方式来理解,在0CDS,参照点话题"熊市"与-CDS中的某信息相关,也就是0CDS中的"熊"。当我们来到+CDS,也就是"啊,它不吉利"这一小句的话语空间,话题结构中的信息都得到了延续。随着会话继续发展,来到之后的++CDS或+++CDS,之前的话语空间中的信息有些可能继续存在,有些可能因为活跃度差而退出空间。我们可以观察到画线的话题结构与上文信息的关联以及在后续会话的接续,并在几个话轮之后退出了话语空间。这就是我们在图6.6所示例的会话信息动态进展的模式。

当然,图6.6只是突出表达了话题结构在会话中的状况,而在-CDS和+CDS中只表达了信息的存在状况,却略过了具体的语言形式。此外,每一个话题小句的具体情况也不相同,事实上很难用统一的模式概括,上述图式只是基于统计而做的大多数情况下的示例。第3章得出的结论是大多数话题结构小句的话题信息是活跃的,那么对于那些不活跃的信息,或者新引入的信息,那么话题结构的当前话语空间0CDS与之前的-CDS之间的信息关联就不会像图6.6所表达的那么直接。同样,有的话题信息未在后续话语得到延续,那么0CDS与+CDS之间的信息关联也未必像图中所示那么直接。无论如何,图6.6突出表达的是话题结构在会话的动态进程中可能作出的信息贡献。

6.4 本章小结

本章使用认知语法中的参照点理论对话题结构进行了统一的认知阐释。话题结构中的话题是参照点,通过这一参照点,处理者可以实现与述题的心理接触,因而述题作为一个整体是认知目标。

对于三类不同的话题结构来说,参照点与知识域中的目标之间的关系并不相同。左偏置结构中参照点与目标中的某一实体产生直接的关联;话题化结构中参照点与目标进行了叠合,并且参照点同时承担了目标中的某一个实体的认知角色;汉语式话题结构中参照点与目标之间的关系不是明示的关系,需要处理者在对小句进行认知处理时进行关系推理。话题链则体现了会话的动态性,体现了当前话语空间的动态更新。同时,基于前几章对话题结构信息特征的总结,我们给出了话题结构在当前话语空间动态更新中的图式,意在表达它在信息传递过程中的贡献。

使用参照点理论,本章还对第 3 章总结的话题结构信息特征进行了阐释。作为小句中的参照点,话题相当于认知凸显中的图形,是清晰且容易感知的,因而大多数话题的已知性程度高、在会话中属于活跃的信息。话题作为参照点,与述题中的射体主语同为图形。因此,在认知过程中,当需要将其与认知目标述题中的射体相联系,或同时承担射体的角色时,处理者无须付出额外努力。相反,在将其与述题中的界标相联系,或同时承担界标的角色时,由于两者的冲突性特征,处理者需要的认知努力就更多。因此,左偏置结构和话题化结构中,话题与述题主语位置关系更密切。

| 第 7 章 |

结 语

7.1 本书的基本研究工作和基本结论

纵观全文,笔者在此将本书中所做的研究概括为以下四个方面:

第一,在大量实际语料的基础上,对话题结构以及其内部的分类与特征进行了系统的描写和刻画。对话题结构的三种类别,围绕着其内部的特征,不断进行分类与再分类,进行了细致的描写工作。例如,过去文献中常被忽视以停顿为话题标记的主语凸显话题化结构,笔者对其进行了细致的描写,论证了将其纳入话题结构研究中的必要性。同样,对左偏置结构以及汉语式话题结构分类描写以及多方面频率统计,揭示了现实会话中话题结构的使用情况,为本书后续的研究奠定了基础。

第二,在将已知性等级和熟悉度量表相综合的理论基础上,对话题结构在实际会话中体现的信息特征作了梳理。笔者对话题结构与会话上文以及后续会话的关系进行了全面的观察分析。基于丰富的语料,笔者在对话题的信息认知状态进行分类整理的基础上,做了大量的语料统计工作,对话题结构在会话中的信息贡献进行了实际的刻画。同时,笔者还对话题结构的三个不同类别进行了比较分析,以期发现它们各自的特征。此外,在将话题结构的信息特征与其语言表达形式进行对应研究的基础上,对已知性等级在现代汉语中的应用进行了调整。

第三,基于会话的切分以及话题结构实际使用的观察,将话题结构在话语结构以及话语内容两方面体现的功能进行了深入的阐释。从语料统计的基础上看,话题结构在话语结构方面所体现出的特点,与前文所述的话题结构在会话中的信息特征紧密相关,形成了互证的关系。笔者从更为全局的角度考察话题结构对话语内容所作的贡献,整理了话题结构与会话其他小句之间的话语内容关系。

第四,将话题结构的使用与会话特征相结合,从实际会话的进程出发考察影响话题结构使用的认知语用因素。基于认知语法的框架,用参照点的概念对话题结构的认知过程进行了统一的分析。在运用参照点模式的同时,使用认知语法中的射体/界标理论进行分析,对三类话题结构之间的区别作出了阐释。同时,在前文对话题结构中会话中的特征进行综合的基础上,笔者还将话题结构在会话动态推进过程中的认知过程用当前话语空间更新的模式进行了刻画。

在上述这四个方面的研究的基础上,本书得出的主要结论包括了以下几个方面:

第一,结合会话上下文语境与情景语境来看,大多数话题结构的话题都处于激活的信息认知状态。从总体上看,话题的已知性程度较高,通常都是有定的和类指的信息,其中类指的话题在语料中占的比例非常小,并且在语境中也表达出了较为强烈的有定倾向。这与其他学者的研究发现是基本一致的。从话题结构对后续会话的影响来看，大多数话题信息都得到了接续，而接续的方式则显示出了多样性。在信息特征上，三类话题结构的表现有所区别，其中话题化结构与上文信息联系最紧密。左偏置结构与上文信息联系最不紧密，却在后续会话中接续比例最高。这说明这类结构更有可能在会话中起到引入信息的作用。汉语式话题结构在后续会话中的接续比例最低，对会话的信息贡献更多地体现在了小句局部。

第二，从会话管理的角度来看，话题结构既可以在起始话步也可以在维持话步出现。左偏置结构的特征在三类话题结构中较为突出，出现在起始话步的比例高于其他两类，如果将这一情况与上文所述的它的信息特征相结合，可以支撑左偏置结构更多地用于引入会话议题的结论。这与英语中左偏置结构的表现较为相似。从会话内容来看，话题结构的形式突出表达了话题与会话中其他实体构成的多种逻辑联系，包括对比、相似、包含、总结等。

第三，话题结构的认知语用动因为认知凸显。在会话互动的展开过程中，说话人针对某些信息进行凸显的需求以及话语本身的信息量会影响话语结构的选择。话题结构的韵律特征以及话题的长度和表达形式反证了这一点。这同时也说明，话题结构的使用符合人们遵守会话省力原则的规律。

从互动的角度来看，出于表达会话合作意图以及争取话语构建时间的考虑，说话人也倾向于采用话题结构的形式，以话题部分为支架，对后续内容进行建构。话题结构可以作为回声性的方式帮助说话人实现对话语的互动控制，也可以帮助说话人实现对会话结构以及会话深度的掌控。另一方面，话题结构也体现了礼貌策略的使用，主要表现在说话人可以在不同情景中利用话题结构进行委婉表达，以间接回避议题、表达敏感议题以及委婉地表达异议等等。因此,话题结构的使用是出于多方面语用因素考虑而进行的策略性选择。

第四,用认知语法的框架来进行分析,话题结构中的话题是处理者实现与述题心理接触的认知参照点,而述题则作为整体成为话题所激活的知识域中的认知目标。话题作为认知参照点的角色可以对上文总结的话题结构信息特征作出解释。在射体/界标的框架中可以观察到三类话题结构之间的差异,左偏置结构中的参照点话题与目标述题中的射体或界标或其他成分直接相关联;话题化结构中的参照点话题则同时承担了目标中的射体或界标角色;汉语式话题结构中的参照点话题与目标述题之间的联系则是非明示的关系,需要处理者在认知过程中进行推理。话题链则体现了当前话语空间的更新以及会话的动态性。

7.2 本书的主要创新

第一,打破了已有研究只在话题结构内部描述话题部分特征的研究模式,将研究的着眼点置于更具全局性的会话框架下。本书建立了较为丰富的封闭语料库,关注话语的实际使用,避免了以往研究脱离语言事实生造例句的缺陷,并且有效地避免了孤立句研究带来的局限性。笔者在观察中联系了会话上下文语境与情景语境,在呈现话语时尽量将语音等多方面信息进行综合考虑,对话题结构的特征及功能进行总结,并梳理了影响话题结构使用的语用因素,以及使用这类结构所体现的语用策略。这些都是割裂语境进行单句研究所无法实现的。

第二,对话题结构在会话中体现的信息特征进行了细致的描写。已往的研究只将小句信息划分为新旧两极,而本书所采用的方法是依据信息在会话中的活跃程度将其排成序列,比简单的两分法更能体现语言事实。同时,本书把话题信息认知状态与其语言表现形式相糅合,对已知性等级理论在现代汉语中的应用提出了修正。本研究还尝试了将话题结构的信息特征与其话语功能进行联系,形成互证,为两方面的结论都提供了更有力的支持。

第三,在认知语法框架下对话题结构进行统一的解释。本书用参照点理论对话题结构进行认知分析,基于这样的分析对上文所述的话题结构信息特征进行解释。对于话题结构不同类别体现出的差异,同样采取认知语法的理论进行更进一步分析,寻求差异的核心所在。基于前文对话题结构信息特征及话语功能的总结,笔者还对会话动态推进中话题结构的贡献进行了图式概括。这样的方法突破了以往研究只在句法和语用层面对话题进行讨论的状况,加深了对话题结构的理解。

7.3 不足之处

第一,虽然笔者希望在多模式研究的方向上进行尝试与探索,但是因观察视角有限,语料中语境的构建是否充分是无法从电视画面中得知的,因此多模式的观察做得还不够全面。例如笔者对伴随话题结构的身态手势、眼神接触等特征的描写不够完整与深入,有可能会在发现和探讨问题时造成疏漏与误解。

第二,受限于本书所用的电视访谈语料,笔者无法对现代汉语话题结构所有的类别与特征作穷尽性的梳理。此外,不同语料中的话题结构也许会呈现不同的特征与功能,因此,如果希望对话题结构有更深入全面的了解,还需要对多种不同社会情景中的会话语篇进行分析,如电话语料、谈判语料等。

7.4 未来的研究展望

在研究过程中,笔者深刻认识到了对语言使用实际的反映与阐释需要进行多模式、多层面的研究。因此,沿着本研究的方向与思路,笔者认为未来在以下几个方面可以做更多的工作:

第一,对话题结构实际使用的研究需要多种模式齐头并进。例如,国外已有学者对现代汉语句法结构中凸显的语音、韵律表现进行研究,这一点与话题结构的信息表现方式以及认知识解联系紧密。但是,这样的研究国内还较少。从本书对会话进行转写、分析的过程来看,对语音表现的理解在很大程度上会影响对话题结构的认识。赵永刚(2019)提出信息的语义突显和表达离不开音系和句法的计算过程。认知语法理论也认为,在人们对语言进行认知处理的过程中,语义语法框架与语音框架是并列的,而任何语言内容和意义的表达最终都要通过语音形式来实现。对语言实际最完整的呈现还需要结合多层面的语境信息,如背景知识架构、身态动作呈现等等。因此,未来对话题结构研究的一个重要方向是语音、句法、语用与认知多模式结合的研究。

第二,汉语被认为是话题凸显的语言,与英语的主语凸显特征相对,学者们普遍认为现代汉语中话题的语法化程度要比其他语言中高。从如今的研究现状来看,大多数研究都只关心话题结构的句法分析以及语用功能,很少有学者对话题结构的语法化过程进行历时的研究,这方面国内仅有申小龙(1986)、程丽霞(2006)、刘丹青(2016b、2019)等为数不多的文献。从历时的角度研究话题结构在不同历史阶段汉语中的使用情况,梳理其从古代汉语到现代汉语的发展演变,可以帮助我们更好地界定话题的地位以及在话语中所起的作用。因此,从历时角度对话题结构进行研究也是今后非常值得深入探讨的课题。

第三,语句结构在语言使用者心理上具有其相应的心理现实性。(张旺熹,2006)探求话题结构背后的心理现实性,只靠文本的分析是远远不够的。近年来国外有越来越多的研究依靠实验手段来探究话题结构涉及的心理认知过程,如 Netz 与 Kuzar(2009)、Netz et al.(2011a)探讨了话题结构对记忆的影响,区分了不同类型话题结构对短时记忆的不同影响。Wang(2011)和 He(2016)用 ERP 范式对不同语序类型的汉语语句进行了实验观察,关于话题凸显的语句是否会引发显著的 N400 效应,得出了不同的结论。Krebs(2019)同样利用 ERP 范式,发现手语中话题凸显的结构会引发 N400 效应,提示有标记话题可能因需要额外进行语句分析,从而增加了认知负担。在话题结构的句法成因方面,Huang 和 Kaiser(2008)以自步速阅读的实验范式,考察了话题结构的在线理解过程,结论支持话题的移位说。然而,国内学者蔡任栋和董燕萍(2010)使用在线研究范式,通过考察填充语在空位上的启动效应,提出话题化结构中空位没有心理现实性,话题是直接生成而非通过移位实现的。Hu 等(2018)在儿童群体中进行了实验,通过话题标记的隐现与话题语义角色的不同搭配,观察幼儿对话题结构的反应。他们得出的结论与蔡任栋和董燕萍(2010)相类似,认为话题结构是基础生成的。Chen 等(2018)通过 ERP 实验,发现目标词指称与话题一致会引发减弱的 P600 效应和增强的 N400 效应,说明话题凸显与指称便利具有高度相关性。这些实验范式的研究带来了话题结构分析的新思路。事实上,国内外的心理认知学界对汉语的许多句型进行了探索,如利用 ERP 范式对关系从句的认知加工研究成果就颇为丰富。相比而言,话题结构涉及较多的语用因素,有关其心理表征和认知加工的相关研究已有开展,但仍不在多数,成果还不那么丰硕。今后,在有条件的情况下,可以利用自定步速阅读、眼动实验、脑电实验等先进的实验方法与手段,对语言使用者构建与识解话题结构的过程进行观察,以跨学科的方式加深对话题结构使用的认识,探求其背后的心理与认知因素。

参 考 文 献

Ariel, Mira. *Accessing Noun-Phrase Antecedents*. London: Routledge. 1990.

Austin, John L. *How to Do Things with Words*. Beijing: Foreign Language Teaching and Research Press. 1962/2002.

Bakhtin, Mikhail. *The Dialogic Imagination: Four Essays*. (Edited by Holquist, Michael. translated by Emerson, Caryl. and Holquist, Michael). Austin: University of Texas Press. 1981.

Bhatia, Vijay K. *Analysing Genre: Language Use in Professional Settings*. New York: Longman. 1993.

Birner, Betty J. & Ward, Gregory L. *Information Structure and Noncanonical Word Order in English*. Amsterdam: John Benjamins. 1998.

Bortolussi, Bernand. Topicalizations, left dislocations and the left-periphery. *Catalan Journal of Linguistics*. 2017(16), 101-123.

Brown, Gilan & George Yule. *Discourse Analysis*. Cambridge: Cambridge University Press. 1983.

Brown, Penelope & Stephen Levinson. The argument: Intuitive bases and derivative definitions.《语用学文献选读》何兆熊(主编)。上海：上海外语教育出版社。1978/2003: 562–594

Chafe, Wallace. Givenness, contrastiveness, definiteness, subjects, topics and point of view. In Li, Charles N., ed., *Subject and Topic*. New York: Academic Press. 1976: 25–55.

Chafe, Wallace. Cognitive constraints on information flow. In Tomlin, Russel, ed., *Coherence and Grounding in Discourse*. Amsterdam: John Benjamins. 1987: 21–51.

Chafe, Wallace. *Discourse, Consciousness and Time: The Flow and Displacement of Conscious Experience in Speaking and Writing*. Chicago: The University of Chicago Press. 1994.

Chao, Yuen-ren.（赵元任）*Mandarin Primer*. Cambridge: Harvard University Press. 1948.

Chao, Yuen-ren.（赵元任）*A Grammar of Spoken Chinese*. Berkeley: University of California Press.《汉语口语语法》，吕叔湘译。北京：商务印书馆。1968/1979

Chen, Lijuan, Xiaodong, Qingrong Chen, & Phaedra Royle. Can pragmatic inference benefit from topic prominence? ERP evidence from Mandarin Chinese. *Journal of Neurolinguistics*. 2018(46), 11–22.

Chomsky, Noam. *Aspects of the Theory of Syntax*. Cambridge: MIT Press. 1965.

Chappell, Hilary & Denis Creissels. Topicality and the typology of predicative possession. *Linguistic Typology*. 2019(23), 467–532.

Clark, Andy. Magic words: How language augments human computation. In Carruthers, Peter & Jill Boucher, eds., *Language and Thought: Interdisciplinary Themes*. Cambridge: Cambridge University Press. 1998: 162 - 183.

Croft, William & D. Alan Cruse. *Cognitive Linguistics*. Beijing: Peking University Press. 2006.

Du Bois, John. The Discourse Basis of Ergativity. *Language*. 1987(63), 805 - 855.

Du Bois, John, Stephan Schuetze-Coburn, Susanna Cumming, & Danae Paolino. Outline of discourse transcription. In Edwards, Jane & Martin Lampert, eds. *Talking Data: Transcription and Coding in Discourse Research*. Hillsdale: Lawrence Erlbaum. 1993: 45 - 90.

Eggins, Suzanne & Diana Slade. *Analysing Casual Conversation*. London/Washington: Cassell. 1997.

Erteschik-Shir, Nomi. *Information Structure: The Syntax-Discourse Interface*. Oxford: Oxford University Press. 2007.

Fernandez-Vest, Jocelyne & Robert D. Van Valin, eds., *Information Structuring of Spoken Language from a Cross-Linguistic Perspective*. Berlin: De Gruyter Mouton. 2016.

Fox, Barbara & Sandra Thompson. Relative clauses in English conversation. *Studies in Language*. 2007(31), 293 - 326.

Gee, James P. *An Introduction to Discourse Analysis: Theory and Method*. Beijing: Foreign Language Teaching and Research Press. 1999.

Geluykens, Ronald. *From Discourse Process to Grammatical*

Construction: On Left-Dislocation in English. Amsterdam: John Benjamins. 1992.

Givón, Talmy. English Grammar: A Function-Based Introduction II. Amsterdam: John Benjamins. 1993.

Gregory, Michelle L. & Laura A. Michaelis. Topicalization and left-dislocation: A functional opposition revisited. *Journal of Pragmatics*. 2001(33), 1665 – 1706.

Grice, H. Paul. Logic and Conversation. In Cole, Peter & Jerry. L. Morgan, eds., *Syntax and Semantics 3: Speech Acts*. New York: Academic Press. 1975: 41 – 58.

Gundel, Jeanette K. Shared knowledge and topicality. *Journal of Pragmatics*. 1985(9), 83 – 107.

Gundel, Jeanette K. *The Role of Topic and Comment in Linguistic Thoery*. Bloomington: Indiana University Linguistics Club. 1987.

Gundel, Jeanette K. Universals of topic-comment structure. In Hammond, Micheal, Moravcsik, Edith A., & Jessica Wirth, eds., *Studies in Syntactic Typology*. Amsterdam: John Benjamins Publishing Company. 1988: 209 – 242.

Gundel, Jeanette K. Information structure and referential givenness/newness: How much belongs in the grammar?. *Journal of Cognitive Science*. 2003(4), 177 – 199.

Gundel, Jeanette K., Nancy Hedberg, & Ron Zacharski. On the generation and interpretation of demonstrative expressions. *Proceedings of the Twelfth International Conference on Computational Linguistics*. Budpest. 1988: 216 – 221.

Gundel, Jeanette K., Nancy Hedberg, & Ron Zacharski. Givenness, implicature and demonstrative expressions in English discourse. *Chicago Linguistic Society*. 1989: (25), 89-103.

Gundel, Jeanette K., Nancy Hedberg, & Ron Zacharski. Givenness, implicature and the form of referring expressions in discourse. *Berkeley Linguistic Society*. 1990: (16), 442-453.

Gundel, Jeanette K., Nancy Hedberg, & Ron Zacharski. Cognitive status and the form of referring expressions in discourse. *Language*. 1993(69), 274-307.

Halliday, M.A.K. *Intonation and Grammar in British English*. The Hague: Mouton & CO. 1967a.

Halliday, M.A.K. Notes on transitivity and theme in English (part II). *Journal of Linguistics*. 1967b(3), 199-244.

Halliday, M.A.K. Language structure and language fuction. In Lyons, John, ed., *New Horizons in Linguistics*. Harmondsworth: Penguin Books. 1970: 140-165.

Halliday, M.A.K. *An Introduction to Functional Grammar*. London: Edward Arnold. 1985.

Hockett, Charles F. *A Course in Modern Linguistics*.《现代语言学教程》,索振羽、叶蜚声译. 北京: 北京大学出版社. 1958/2003

Hu, Shenai, Maria T. Guasti, & Anna Gavarró. Chinese children's knowledge of topicalization: Experimental evidence from a comprehension study. *Journal of Psycholinguistic Research*. 2018: 1279-1300.

Huang, C.-T. James. *Logical Relations in Chinese and the Theory of Grammar*. PhD Dissertation. MIT. 1982.

Huang, Yu-Chi & Elsi Kaiser. Investigating filler-gap dependencies in Chinese topicalization. Paper presented at the 20th North American Conference on Chinese Linguistics, Columbus, Ohio: The Ohio State University. 2008.

Huang, Yan. *The Syntax and Pragmatics of Anaphora: With Special Reference to Chinese*. Cambridge: Cambridge Unversity Press. 1994.

Jaeger, T. Florian & Thomas Wasow. Processing as a source of accessibility effects on variation. In Cover, Rebecca T. & Yuni Kim, eds., *Proceedings of the 31st Annual Meeting of the Berkeley Linguistic Society*. Ann Arbor: Sheridan Books. 2006: 169–180.

Jiang, Zixin. *Some Aspects of the Syntax of Topic and Subject in Chinese*. PhD Dissertation. University of Chicago. 1991.

Keenan, Elinor & Bambi B. Schieffelin. Topic and discourse notion: A study of topic in the conversations of children and adults. In Li, Charles N., ed., 1976. *Subject and Topic*. New York: Academic Press. 1976: 335–384.

Kim, Kyu-hyun. WH-clefts and left-dislocation in English conversation. In Downing, Pamela & Michael Noonan, ed., *Word Order in Discourse*. Amsterdam/Philadelphia: John Benjamins Publishing Company. 1995: 247–296.

Krebs, Julia, Evie Malaia, Ronnie B. Wilbur, & Dietmar Roehm. Interaction between topic marking and subject preference strategy in sign language processing. *Language, Cognition and Neuroscience*. 2019. doi: 10.1080/23273798.

2019.1667001.

Kuno, Susumu. Generative discourse analysis in America. In Dressler, Wolfgang, ed., *Current Trends in Textlinguistics*. Berlin & New York: de Gruyter. 1978: 275-294.

Lakoff, George & Mark Johnson. *Philosophy in the Flesh: The Embodied Mind and Its Challenge to Western Thought*. New York: Basic Books. 1999.

Lambrecht, Knud. *Information Structure and Sentence Form*. Cambridge: Cambridge University Press.1994.

Langacker, Ronald. An introduction to Cognitive Grammar. *Cognitive Science*. 1986(10), 1-40.

Langacker, Ronald. *Foundations of Cognitive Grammar. Vol. 1: Theoretical Prerequisites*. Stanford: Stanford University Press. 1987.

Langacker, Ronald. Reference-point constructions. *Cognitive Linguistics*. 1993(4), 1-38.

Langacker, Ronald. *Grammar and Conceptualization*. Berlin: Mouton de Gruyter. 1999.

Langacker, Ronald. Discourse in Cognitive Grammar. *Cognitive Linguistics*. 2001(2), 143-188.

Langacker, Ronald. *Cognitive Grammar: A Basic Introduction*. Oxford: Oxford University Press. 2008.

Lange, Claudia. *The Syntax of Spoken Indian English*. Amsterdam: John Benjamins. 2012.

LaPolla, Randy J. *Grammtical Relations in Chinese: Synchronic and Diachronic Considerations*. PhD Dissertation. University of

California, Berkeley. 1990.

LaPolla, Randy J. Pragmatic relations and word order in Chinese. In Downing, Pamela & Michael Noonan, eds., *Word Order in Discourse*. Amsterdam/Philadelphia: John Benjamins. 1995: 297-329.

Leech, Geoffrey. *Principles of Pragmatics*. New York: Longman. 1983.

Leuckert, Sven. How interactional needs shape information structure: An analysis of the discourse functions of topicalization in three L2 varieties of English. *Yearbook of the German Cognitive Linguistics Association*. Berlin/New York: Mouton De Gruyter. 2017.

Leuckert, Sven. Typological interference in information structure: The case of topicalization in Asia. *Zeitschrift für Anglistik und Amerikanistik*. 2017(65), 283-302.

Li, Charles N. & Sandra Thompson. Third-person pronouns and zero-anaphora in Chinese discourse. In Givon, Talmy, ed., *Centering Theory in Discourse*. New York: Oxford University Press. 1979: 89-113.

Li, Charles N. & Sandra Thompson. The semantic function of word order: A case study in Mandarin. In Li, Charles N., ed., *Word Order and Word Order Change*. Austin: University of Texas Press. 1975: 163-196.

Li, Charles N. & Sandra Thompson. Subject and Topic: A new typology of language. In Li, Charles N., ed., *Subject and Topic*. New York: Academic Press. 1976: 457-489.

Li, Charles N. & Sandra Thompson. *Mandarin Chinese: A Functional Reference Grammar*. Berkeley: University of California Press. 1981.

López, Luis. *A Derivational Syntax for Information Structure*. Oxford: Oxford University Press. 2009.

Manetta, Emily. Unexpected left dislocation: An English corpus study. *Pragmatics*. 2007(39), 1029 - 1034.

Marchant, Alison A. H. *Indefinite This and the Givenness Hierarchy*. M.A. Thesis, Simon Fraser University. 1994.

Netz, Hadar & Ron Kuzar. Three marked theme constructions in spoken English. *Journal of Pragmatics*. 2007(39), 305 - 335.

Netz, Hadar & Ron Kuzar. The effect of marked topic on memory in Hebrew and English. *Languages in Contrast*. 2009(9), 267 - 283.

Netz, Hadar, Zohar Eviatar, & Ron Kuzar. Do marked topics enhance memory?. *Research in Language*. 2011a(9), 5 - 17.

Netz, Hadar, Ron Kuzar, & Zohar Eviatar. A recipient-based study of the discourse functions of marked topic constructions. *Language Sciences*. 2011b(33), 154 - 166.

Norris, Sigrid. *Identity in (Inter) action: Introducing Multimodal (Inter) Action Analysis*. Berlin/New York: Mouton de Gruyter. 2011.

Pan, Victor. Syntactic and prosodic marking of contrastiveness in oral Mandarin. In Fernandez-Vest, Jocelyne & Robert D. Van Valin, eds., *Information Structuring of Spoken Language from a Cross-Linguistic Perspective*. Berlin: De Gruyter

Mouton. 2016: 191-210.

Prince, Ellen F. On the inferencing of indefinite-this NPs. In Joshi, Aravind K., Bonnie L. Webber, & Ivan A. Sag, eds., *Elements of Discourse Understanding*. Cambridge: Cambridge University Press. 1981: 231-250.

Prince, Ellen F. Toward a taxonomy of given-new information. In Cole, Peter, ed., *Radical Pragmatics*. New York: Academic Press. 1981: 223-255.

Prince, Ellen F. Topicalization and left-dislocation: A functional analysis. *Annals of the New York Academy of Sciences*. 1984(433), 213-225.

Prince, Ellen F. Fancy syntax and "shared knowledge". *Journal of Pragmatics*. 1985: (9), 65-81.

Prince, Ellen F. On the functions of left-dislocation in English discourse. In Kamio, Akio, ed., *Directions in Functional Linguistics*. Philadelphia: John Benjamins Publishing Company. 1997: 117-144.

Samek-Lodovici, Vieri. Prosody-syntax interaction in the expression of focus. *Natural Language and Linguistic Theory*. 2005(23), 687-755.

Schimojo, Mitsauki. Saliency in discourse and sentence form: zero anaphora and topicalization in Japanese. In Fernandez-Vest, Jocelyne & Robert D. Van Valin, eds., *Information Structuring of Spoken Language from a Cross-Linguistic Perspective*. Berlin: De Gruyter Mouton. 2016: 55-75.

Schmid, Hans-Jörg. Why Cognitive Linguistics must embrace the social and pragmatic dimensions of language and how it could so more seriously. *Cognitive Linguistics*. 2016(27), 543–557.

Searle, J. R. *Expressions and Meaning — Studies in the Theory of Speech Acts*. Cambridge: Cambridge University Press. 1979/1981.

Shi, Dingxu. *The Nature of Topic Comment Constructions and Topic Chains*. PhD Dissertation. University of Southern California. 1992.

Shyu, Shuying. *The Syntax of Focus and Topic in Mandarin Chinese*. PhD Dissertation. University of Southern California. 1995.

Sinclair, John M. & Malcolm Coulthard. *Towards an Analysis of Discourse*. Oxford: Oxford University Press. 1975.

Simona, Pekarek Doehler, Elwys, De Stefani, & Anne-Sylvie Horlacher. *Time and Emergence in Grammar: Dislocation, Topicalization and Hanging Topic in French Talk-in-Interaction*. Amsterdam/Philadelphia: John Benjamins. 2015.

Slomanson, Peter. New information structuring processes and morphosyntactic change. In Fernandez-Vest, Jocelyne & Robert D. Van Valin, eds., *Information Structuring of Spoken Language from a Cross-Linguistic Perspective*. Berlin: De Gruyter Mouton. 2016: 305–325.

Sperber, Dan & Deirdre Wilson. *Relevance: Communication and Cognition*. 2nd Edition. Beijing: Foreign Language Teaching and Research Press. 2001.

Steedman, Mark. Information structure and the syntax-phonology interface. *Linguistic Inquiry*. 2000(31), 649-689.

Stefanowitsch, Anatol. Cognitive linguistics meets the corpus. In Brdar Mario, Gries Stefan Th., & Milena Z. Fuchs, eds., *Cognitive Linguistics: Convergence and Expansion*. Amsterdam/Philadelphia: John Benjamins. 2011: 257-290.

Strawson, Peter F. *Identifying Reference and Truth-Values*. Cambridge: Cambridge University Press. 1964.

Sze, Felix. Is Hong Kong sign language a topic-prominent language?. *Linguistics*. 2015(53), 809-76.

Taglicht, Josef. *Message and Emphasis: On Focus and Scope in English*. London: Longman. 1984.

Tang, Sze-Wing. *Parametrization of Features in Syntax*. PhD Dissertation. University of California, Irvine. 1998.

Tizón-Couto, David. *Left Dislocation in English: A Functional-Discoursal Approach*. Bern: Peter Lang. 2012.

van Dijk, Teun A. & Walter Kintsch. *Macrostructures: An Interdisciplinary Study of Global Structures in Discourse, Interaction and Cognition*. Hillsdale, N.J.: Erlbaum. 1980.

van Dijk, Teun A. *Studies in the Pragmatics of Discourse*. The Hague: Mouton. 1981.

Venditti, Jennifer J. & Julia Hirschberg. Intonation and discourse processing. *Proceedings of the International Congress of Phonetic Sciences*. Barcelona. 2003.

Villalba, Xavier. *The Syntax and Semantics of Dislocations in Catalan*. Köln: Lambert Academic Publishing. 2009.

Vygotsky, Lev. *Language and Thought*. Cambridge MA: MIT

Press. 1986.

Wang, Yufang, Shu-ing Shyu, Wayne Schams, & Hsun-Chen Chen. Mandarin Chinese *buguo* ("but") as a metacoherence marker in TV/radio interview talks. *Language and Linguistics*. 2020(21), 104-44.

Ward, Gregory & Betty J. Birner. Information structure and non-canonical syntax. In Horn, L.R. & G. Ward, eds., *The Handbook of Pragmatics*. Malden, MA: Blackwell. 2004: 153-174.

Westbury, Josh. *Left Dislocation in Biblical Hebrew: A Cognitive Linguistic Approach*. PhD Dissertation. University of Stellenbosch. 2014.

Westbury, Josh. Left dislocation: A typological overview. *Stellenbosch Papers in Linguistics Plus*. 2016(50), 21-45.

Winkle, Claudia. *Non-canonical Structures, They Use Them Differently: Information Packaging in Spoken Varieties of English*. Freiburg: Albert-Ludwigs-Universität Freiburg Universitätsbibliothek. 2015.

Xu, Liejiong & Terence Langendoen. Topic structures in Chinese. *Language*. 1985(61), 1-27.

Yamaizumi, Minoru. Left Dislocation in Japanese and Information Structure Theory. *NINJAL Research Papers*. 2011(1), 77-92.

Yang, Chunsheng. Prosodic marking of topic constructions in Mandarin Chinese. *Speech Prosody 2010* 100007: 1-4, downloaded Aug. 3, 2010 from http://speechprosody2010.illinois.edu/papers/100007.pdf. 2010.

Zipf, George. *Human Behavior and the Principle of Least*

Effort. New York/London: Hafner. 1965.

Ziv, Yael. Left and right dislocation: Discourse functions and anaphora. *Journal of Pragmatics*. 1994(22), 629–645.

蔡任栋 董燕萍,汉语话题花结构空位的心理现实性研究——来自填充语启动试验的证据,《现代外语》,2010,第1期,64–71

曹逢甫,*A Functional Analysis of Topic in Chinese — The First Step toward Discourse Analysis*. Taipei: Student Book Co.《主题在汉语中的功能研究——迈向语段分析的第一步》,谢天蔚译。北京:语文出版社。1979/1995

曹逢甫,汉语的提升动词,《中国语文》,1996,第3期,172–182

曹逢甫,《汉语的句子与子句结构》,王静译。北京:北京语言大学出版社。2005

陈平,释汉语中与名词性成分相关的四组概念,《中国语文》,1987a,第2期,81–92

陈平,汉语零形回指的话语分析,《中国语文》,1987b,第5期,363–378

陈平,汉语中结构话题的语用解释和关系化,徐赳赳译,《国外语言学》,1996,第4期,27–36

陈平,汉语双项名词句与话题—述题结构,《中国语文》,2004,第6期,493–507

程丽霞,左偏置结构频率统计与话题结构的显现,《外语教学与研究》,2006,第2期,101–107

董秀芳,汉语光杆名词指称特性的历时演变,《语言研究》,2010,第1期,11–20

范开泰,语用说略,《中国语文》,1985,第6期,401–408

范开泰,关于汉语语法三个平面分析的几点思考,《语法研究和探

索(七)》。北京:商务印书馆。1995:57-73

范晓　胡裕树,有关语法研究三个平面的几个问题,《中国语文》,1992,第4期。《三个平面的语法观》。北京:北京语言学院出版社。1996:18-30

方梅,北京话句中语气词的功能研究,《中国语文》,1994,第2期,129-138

高原,《照应词的认知分析》。北京:外语教学与研究出版社。2003

何勇,主题结构、认知过程及语不连贯,《徐州师范学院学报(哲学社会科学版)》,1994,第4期,104-109

胡裕树　范晓,试论语法研究的三个平面,《新疆师范大学学报》,1985,第2期。《语言教学与研究》,1993,第2期,4-21

江蓝生,跨层非短语结构"的话"的词汇化,《中国语文》,2004,第5期,387-400

黎昌友,主谓谓语句的界定及其类型,《语言教学与研究》,2004,第5期,98-99

李临定,主语的语法地位,《中国语文》,1985,第1期,62-70

李悦娥　申智奇,自然会话中的打断现象分析,《当代语言学》,2003,第1期,25-32

梁源,语序和信息结构:对粤语易位句的语用分析,《中国语文》,2005,第3期,239-253

廖秋忠,篇章中的框—棂关系与所指的确定,1986,《廖秋忠文集》。北京:北京语言学院出版社。1992:30-44

廖秋忠,篇章与语用和句法研究,1991,《廖秋忠文集》。北京:北京语言学院出版社。1992:181-208

刘丹青,汉语类指成分的语义属性和句法属性,《中国语文》,2002,第5期,411-422

刘丹青,汉语中的非话题主语,《中国语文》,2016a,第3期,259-275

刘丹青,先秦汉语的话题标记和主语—话题之别,《古汉语研究》,2016b,第2期,2-16

刘丹青,制约话题结构的诸参项——谓语类型、判断类型及指称和角色,《汉语言学新视界》,2019,第4期,51-62

刘丹青 徐烈炯,1998,焦点与背景、话题及汉语"连"字句,《中国语文》,第4期,243-252

陆丙甫,作为一条语言共性的"距离—标记对应律",《中国语文》,2004,第1期,3-15

陆俭明,周遍性主语及其他,《中国语文》,1986,第3期,161-167

陆烁 潘海华,汉语领属话题结构的允准条件,《当代语言学》,2014,第1期,15-30

吕叔湘,汉语句法的灵活性,《中国语文》,1986,第1期,1-9

马志刚,移位性特征、句法操作限制于句首名词的话题和/或主语属性——以汉语领主属宾语和及物句为例,《外国语》,2011,第5期,2-11

聂仁发 宋静静,"关于"式话题句考察,《语言研究》,2008,第3期,41-47

屈承熹,话题的表达形式与语用关系,徐烈炯、刘丹青主编《话题与焦点新论》。上海:上海教育出版社。2003

屈承熹,《汉语篇章语法》。潘文国等译。北京:北京语言大学出版社。2006

沈家煊,不加说明的话题,《中国语文》,1989,第5期,326-333

沈家煊,《不对称与标记论》。南昌:江西教育出版社。2004

沈炯,汉语语势重音的音理(简要报告),《语文研究》,1994,第3期,10-15

申小龙,《左传》主题句研究,《中国语文》,1986,第2期,130-142

石定栩,汉语主题句的特性,《现代外语》,1998,第2期,40-57

寿永明　朱绍秦,领属关系主谓谓语句分析,《浙江大学学报》(人文社会科学版),2002,第2期,112-116

孙成娇,《汉语话题结构的动态句法》,浙江大学博士学位论文,2019

陶红印,话题结构在汉语日常谈话中的类型及交际功能,2002,乐耀译《语言学论丛》(第三十六辑)北京：商务印书馆。2007：363-376

陶红印,口语研究的若干理论与实践问题,《语言科学》,2004,第1期,50-67

王秀卿　王广成,汉语光杆名词短语的语义解释,《现代外语》,2008,第2期,25-34

王寅,主位、主语和话题的思辨,《外语研究》,1999,第3期,15-19

王寅,Lakoff & Johnson笔下的认知语言学,《外国语》,2001,第4期,15-21

卫乃兴　李文中　濮建忠,COLSEC语料库的设计原则与标注方法,《当代语言学》,2007,第3期,235-246

温宾利　田启林,基于语段的领有话题结构移位分析,《现代汉语》,2011,第4期,331-338

文旭,左移位句式的认知阐释,《外国语》,2005,第2期,45-52

文旭,话题与话题构式的认知阐释,《重庆大学学报》,2007,第1期,123-130

吴中伟,《现代汉语句子的主题研究》。北京：北京大学出版社。2004

徐烈炯　刘丹青,《话题的结构与功能》(修订版)。上海：上海教育出版社。2007

徐烈炯,话题句的合格条件,徐烈炯、刘丹青主编《话题与焦点新

论》。上海：上海教育出版社。2003：131-144

许余龙,汉英篇章中句子主题的识别,《外国语》,1996,第6期,3-9

许余龙,《篇章回指的功能语用探索》。上海：上海外语教育出版社。2004

杨成凯,"主主谓"句法范畴和话题概念的逻辑分析,《中国语文》,1997,第4期,251-259

杨小龙　吴义诚,论话题结构生成的线性机制,《外国语》,2015,第1期,55-63

袁毓林,话题化及相关的语法过程,《中国语文》,1996,第4期,241-254

袁毓林,汉语话题的语法地位和语法化程度——基于真实自然口语的共时和历时考察,2000,《语言学论丛》(第二十五辑)北京：商务印书馆。2002：82-115

袁毓林,《话题的结构与功能》评述,《当代语言学》,2003,第1期,54-63

张伯江　方梅,汉语口语的主位结构,《北京大学学报(哲学社会科学版)》,1994,第2期,66-75

张伯江　方梅,《汉语功能语法研究》。南昌：江西教育出版社。1996

张辉　齐振海,R. Langacker 著《认知语法基础：第二卷》导读,北京：北京大学出版社。2004

张林楠,动词语义与话题结构对汉语主从句间回指的影响,《华东理工大学学报(社会科学版)》,2019,第6期,96-102

张旺熹,《汉语句法的认知结构研究》,北京大学出版社。2006

赵永刚,焦点和话题结构的音系—句法接口理论：阐释、反思与展望,《外语与外语教学》,2019,第2期,52-62

朱德熙,《语法讲义》,北京：商务印书馆。1982

附　录

标注集

标注符号	意义
＜sp＞	说话人
.	短停顿
…	长停顿
[ ]	话语重叠
(0)	无间隔回馈
=	拖长音
,	示意句子继续
。	降调,示意句子结束
?	升调,询问
@	笑声
(( ))	非言语回应
X	无法辨识的语音
(省)	省略
00:00:00－0	话轮结束时间
→	提请注意之处

示例

<sp1>：你觉得离婚这件事到底对孩子产生了什么样的影响？
　　　　　00:01:22-4

<sp2>：有了孩子.再重组家庭,对孩子其实是有问题的,我觉得虽然我自己做得＝[还不错],[说老实话],

<sp1>：　　　　　　　　　　　　　[还不错],[嗯嗯嗯]

<sp2>：但是你知道人是有悟性的,就在这个过程当中,你会…你会发现其实不是所有的人都能做到,

<sp1/3>：嗯。

<sp2>：因为女人一般都比较弱,

<sp1/3>：啊。

<sp2>：我是因为事业上比较强,再加上咱们又是搞人文科学的[@@@]

<sp3>：[@@@]

<sp1>：[@@@],所以也遇到一个知书达理,很讲道理的人。
　　　　　00:01:52-0

(省)

<sp3>：她看到你哭了吗？ 00:02:57-0

<sp2>：她可能没看见,但是我是哭给我老公看[的]

<sp1>：　　　　　　　　　　　　　　　　[@@]示弱,[示]

<sp2>：　　　　　　　　　　　　　　　　　　　　　　[就]是表示.我多不容易啊＝

<sp1>：(0)[多委屈啊]

<sp3>：　　[多委屈啊]

<sp2>：特别委屈,但是我默默地把眼泪擦了。

<sp1>：哎哎呦。

<sp2>：[假装还不被]他看见。

<sp3>：[这才是XXX]

<sp1>：(0)哟哟哟。

<sp2>：真的,但是但是确实有点忍不住.这个.眼泪。

<sp1/3>：嗯。

<sp2>：啊...我觉得哈,真的,说老实话,就是说...嗯.虽然巴图和我先生处得非常好,但是实际上.重组的家庭.这样的关系.到底对孩子是=...心理上造成什么样的影响[我=]

<sp1>：[你]觉得造成什么样的影响?

<sp2>：我不知道。我说老实话,我真的不知道。00:03:36-1

(U5)